D1994102

Günter Dolezel

Selbst Alarmanlagen und Sicherungen einbauen

Compact Verlag

Alle Arbeitsanleitungen wurden
sorgfältig erprobt – eine
Haftung kann dennoch
nicht übernommen werden.
Umschlaggestaltung: Inga Koch
Redaktion: Barbara Fellenberg
Grafiken Innenteil: Stefan Steitz
Druck: Color-Offset GmbH, München
ISBN 3-8174-2265-2
2222651

Ein Wort zuvor

Selbermachen – ein Hobby, das heute für Millionen zur sinnvollen Freizeitbeschäftigung geworden ist. Ob es sich nun um die gemietete Altbauwohnung oder um die eigenen vier Wände handelt, mit etwas Geschick und einer fachmännischen Anleitung lassen sich oft verblüffende Ergebnisse erzielen: bei kleineren Reparaturen, beim Renovieren und Verschönern und beim Um- und Ausbauen.
Und Selbermachen bringt Spaß. Freude an der eigenen Arbeit, deren Ergebnis man Tag für Tag sehen und »bewundern« kann; es spart Geld, mit dem sich langgehegte Wünsche erfüllen lassen, und es macht unabhängig von Handwerkern, auf die man womöglich wochenlang und schließlich vergeblich gewartet hat.
Fachgeschäfte, Heimwerker- und Baumärkte versorgen den Hobby-Handwerker mit allen Werkzeugen und Materialien, die er braucht. Doch richtiges Werkzeug und Begeisterung allein reichen nicht aus. Unerläßlich sind eine gründliche Vorbereitung und Fachkenntnisse, wie eine Arbeit durchzuführen und was dabei zu beachten ist.
COMPACT PRAXIS **Selbst Alarmanlagen und Sicherungen einbauen** zeigt, wie man's macht. Mit wertvollen Tips und Tricks, die sich in der Praxis tausendfach bewährt haben. Jeder Arbeitsgang wird ausführlich Schritt für Schritt gezeigt und in Bild und Text erläutert. Übersichtliche Symbole zeigen auf einen Blick, mit welchem Schwierigkeitsgrad, welchem Kraft- und Zeitaufwand Sie bei jedem Arbeitsgang rechnen müssen, welche Werkzeuge Sie brauchen und wieviel Geld Sie durch Ihre eigene Arbeit einsparen können.

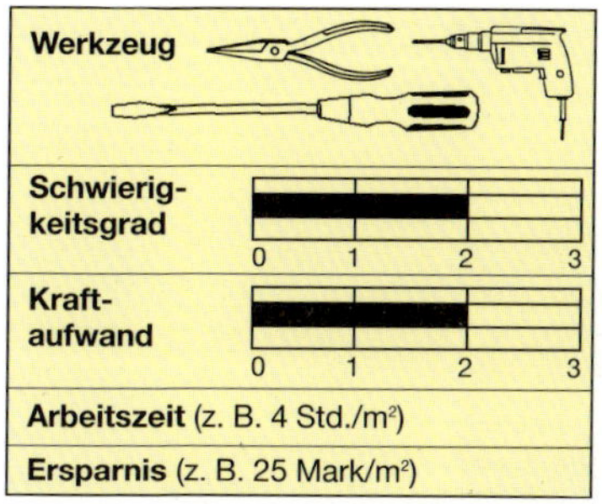

Und so stufen Sie sich richtig ein:

Schwierigkeitsgrad 1 – Arbeiten, die auch der Ungeübte ausführen kann. Es ist nur geringes handwerkliches Geschick erforderlich.

Schwierigkeitsgrad 2 – Arbeiten, die einige Übung im Umgang mit Werkzeug und Material erfordern. Es ist handwerklich durchschnittliches Geschick notwendig.

Schwierigkeitsgrad 3 – Arbeiten, die fachmännische Übung erfordern. Überdurchschnittliches Geschick ist erforderlich.

Kraftaufwand 1 – Leichte Arbeit, die jeder bequem erledigen kann.

Kraftaufwand 2 – Arbeiten, die eine gewisse körperliche Kraft voraussetzen.

Kraftaufwand 3 – Arbeiten für kräftige Heimwerker, die keine »Knochenarbeit« scheuen.

Auf einen Blick

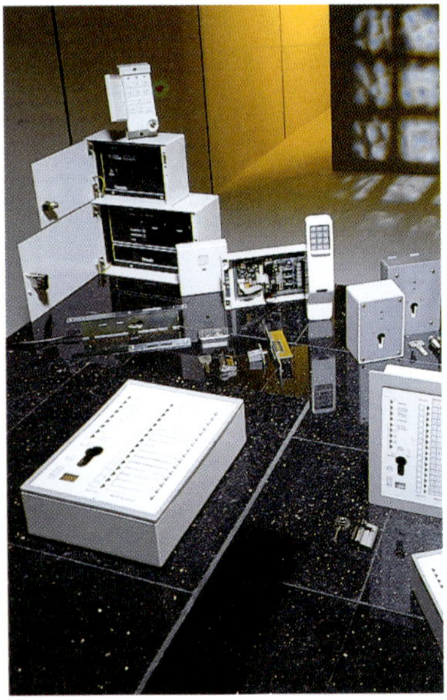

Die Methoden der Einbrecher

Leichtsinn provoziert

»Wer soll bei uns schon einbrechen? Es gibt bei uns doch nichts zu holen!« Wer so denkt, könnte schon bald das nächste Opfer eines Einbruchdiebstahls sein, denn beinahe alle zwei Minuten wird in Deutschland ein Einbruch verübt.

Es werden nicht nur die Häuser der Reichen, sondern vor allem die Wohnungen derer, die sich eher zur Mittelschicht zählen, bestohlen.

Einer Kriminalstatistik zufolge ereignen sich ca. 1/3 aller Einbrüche, ohne daß irgendwelche Spuren von Gewaltanwendung zu finden sind. Oft stehen Fenster und Balkontüren in Erdgeschoßwohnungen offen, obwohl niemand zu Hause ist.

In vielen Fällen trugen die Opfer sogar selbst zum »Einsteigen« bei. Da liegt beispielsweise der Hausschlüssel unter dem Fußabstreifer oder im Blumenkasten versteckt. Vereinzelt wird den Einbrechern auch der Hausschlüssel direkt in die Hände gelegt, z.B. wenn per Zeitungsannonce jemand zur Pflege von Haustieren und Pflanzen während des Urlaubs gesucht wird.

Einbrecher nutzen jede Gelegenheit

70 Prozent aller Einbrüche ergeben sich spontan, »weil die Gelegenheit gerade so günstig war«. Amateurkriminelle und Gelegenheitsdiebe sind selten an irgendwelchen äußeren Merkmalen zu erkennen, wenngleich einen Großteil Jugendliche und Beschaffungskriminelle ausmachen. Sie führen kein auffälliges Einbruchwerkzeug mit sich. Oft genügt ihnen schon eine Zange oder ein Schraubenzieher, um eine Tür zu öffnen bzw. ein Glasschneider, um ein Loch in die Fensterscheibe zu schneiden.

Kuriosestes Einbruchwerkzeug, das sogar im freien Handel angeboten wird, aber eigentlich nur für Feuerwehr und Aufsperrdienste gedacht ist, ist ein korkenzieherähnliches Gerät namens »Ziehfix«. Mit ihm wird auch ein abgesperrtes Zylinderschloß in Sekundenschnelle geknackt.

Gelegenheitseinbrecher kommen bevorzugt während der Mittagsstunden und machen sich den Alltag ihrer Umgebung, den Mittagslärm und die Anonymität unter den Bewohnern zunutze. Sie interessieren sich vor allem für Hochhauswohnungen, aber auch an schlecht gesicherten Einfamilienhäusern gehen Gelegenheitseinbrecher nicht ungerührt vorbei. Sie stehlen alles, was sich problemlos mitnehmen läßt. Dabei ist weniger entscheidend, wieviel zu holen ist, sondern vielmehr, wo man mühelos einbrechen kann.

»Große Fische« für Profis

Für den Profieinbrecher muß es sich einfach lohnen. Im Gegensatz zu den Gelegenheitseinbrechern wägt er vor seinem »Bruch« ganz nüchtern Erfolgschancen und Risiken gegeneinander ab. Sogar das zu erwartende Strafmaß für den Fall, daß er erwischt wird, wird bei der Planung berücksichtigt. Professionelle Kriminelle ziehen genaue Erkundigungen über die Lebensgewohnheiten der Bewohner, ihre Wertsachen und deren Absicherung ein.

An erster Stelle auf den Einbruchlisten der »Professionellen« stehen Villen und exklusive Einfamilienhäuser. Bei reizvollen Objekten ist ihnen kaum ein Aufwand zuviel. Diese Art Einbrecher führt je nach Situation auch sehr schweres Einbruchwerkzeug mit sich. Ihr technisches Know-how reicht oft sogar dafür aus, einfach Alarmanlagen außer Gefecht zu setzen.

Die Zeiten der Einbrüche

Während der schönsten Zeit des Jahres, der Urlaubszeit, haben auch Einbrüche Hochsaison. Ungestört dringen die Täter dann in den Wohnbereich ein und bedienen sich an Hab und Gut.

Einbrecher riechen es förmlich, wenn Wohnungen längere Zeit leerstehen oder Häuser unbewohnt sind. Eindeutige Hinweise dafür sind z.B. überquellende Briefkästen, wochenlang heruntergelassene Jalousien, immer gleichvolle Mülltonnen und ein Anrufbeantworter, der verkündet, daß Sie derzeit im Urlaub sind.

Unter Zeitdruck hingegen stehen diejenigen Einbrecher, die sich die kurzfristige Abwesenheit der Bewohner zunutze machen. Das ist vor allem während der Mittagszeit zwischen 11.00 und 14.00 Uhr, wenn die Bewohner zur Arbeit bzw. beim Einkaufen sind, aber auch während der Nacht, wenn alle auf einer Abendveranstaltung sind oder tief schlafen.

Einbrecher wählen den leichtesten Weg:

Bevorzugte Einstiegsstelle bei

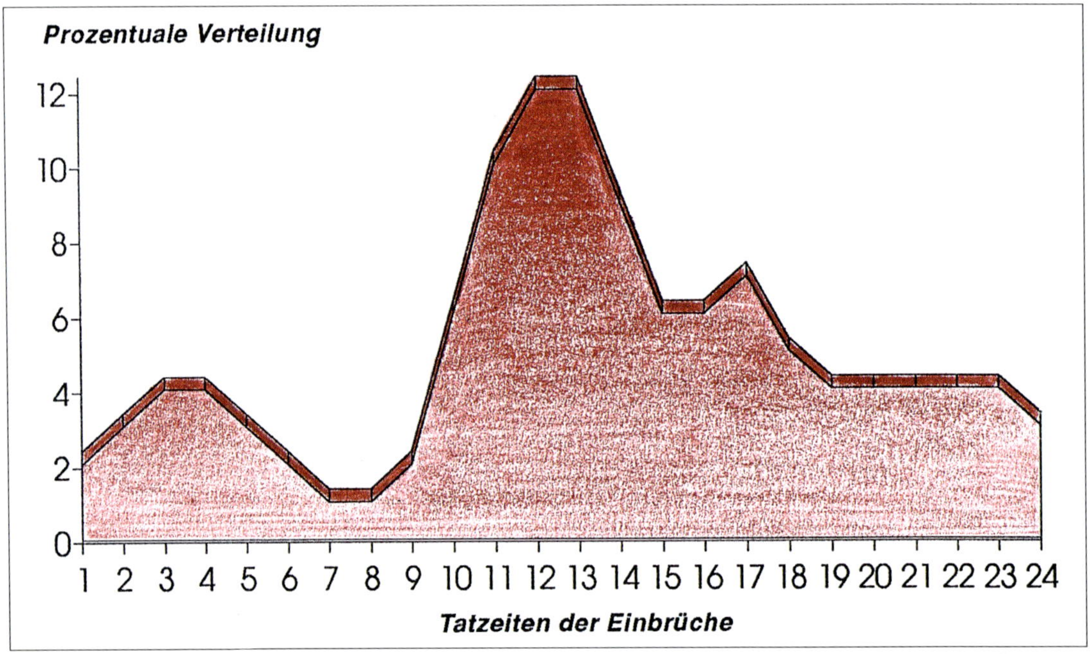

Mehrfamilien- und Hochhauswohnungen ist die Wohnungstür. Die Wohnungstür, in oberen Stockwerken meistens die einzige Zutrittsmöglichkeit, ist häufig viel zu schwach abgesichert; für einen geübten Einbrecher also eine Sache von Sekunden. Bei Ein- und Zweifamilienhäusern werden am liebsten Kellerschächte, Fenster und Hintertüren heimgesucht. Einer ganz anderen Arbeitsmethode bedienen sich Trickdiebe, die sich trotz der Anwesenheit der Bewohner durch geschickte Ablenkmanöver Zutritt in den Wohnbereich verschaffen.

Einbrüche hinterlassen unangenehme Spuren:

Weniger als 20 Prozent aller Einbrüche werden aufgeklärt; die Chance, das gestohlene Eigentum wiederzubekommen, ist noch wesentlich geringer. Dazu kommen die angerichteten Zerstörungen. Die Schäden durch den Vandalismus der Einbrecher sind manchmal höher als der Verlust des Eigentums. Oft werden willkürlich Einrichtungsgegenstände aus Enttäuschung über nicht vorhandene Wertsachen zerstört.

Die Versicherung kann letztlich auch nur für den materiellen Schaden aufkommen. Dazu müssen Sie nachweisen, daß Sie ausreichend versichert waren und alle angemessenen Sicherheitsvorkehrungen getroffen haben.

Das scheuen die Einbrecher am meisten:

Einbrecher müssen in der Regel fast immer damit rechnen, überrascht zu werden. Sie stehen daher meistens unter Zeitdruck. Ungewöhnliche Geräusche, wie z.B. klirrende Fensterscheiben, erregen grundsätzlich Verdacht, deshalb wird der Einbrecher versuchen, jeglichen Lärm zu vermeiden.

So beurteilten gefaßte Einbrecher folgende Kriterien:

- Häuser haben höchsten »Abhaltewert«, wenn man völlig freien Einblick in das Grundstück und auf mögliche Einstiegsstellen hat.
- Von außen deutlich erkennbare Sicherungsmaßnahmen wie Zusatzschlösser, Fenstergitter etc. beeinflussen die Entscheidung.
- Mehr als die Hälfte der Befragten stufen den Hund als abschreckend ein, wobei 60 Prozent auch dann an die Anwesenheit eines Hundes glaubten, wenn es nur entsprechende Warnschilder gab.

Gefahrenquelle: Haustür

Schwachstelle: Gitterrost

Einstiegsstelle: Fenster

Sicherheit durch richtiges Verhalten

Geben Sie dem Einbrecher keine Chance

Einbrüche verhindern Sie durch eine risikogerechte Absicherung aller gefährdeten »Einstiegsstellen«. Entscheidend ist also das richtige Zusammenspiel aus technischen und organisatorischen Sicherungsmaßnahmen. Schon durch geeignetes Verhalten können Sie von vornherein verhindern, daß Einbrecher auf die Idee kommen, bei Ihnen einzusteigen.

- Vermeiden Sie es, Leitern oder sonstige Aufstiegsmöglichkeiten auf Ihrem Grundstück herumstehen zu lassen. Sie laden einen Täter geradezu ein, in oberen Stockwerken einzusteigen.
- Alle Außensteckdosen sollten von innen abzuschalten sein, damit Einbrecher keine Elektrowerkzeuge daran anschließen können.

Urlaubsvorkehrungen

- Nutzen Sie alle mechanischen Absicherungen und sperren Sie auch bei kurzer Abwesenheit die Außentüren zweimal ab.
- Lassen Sie Erdgeschoßfenster und Balkontüren nicht offenstehen, auch nicht gekippt. Geben Sie dem Einbrecher keine »günstige Gelegenheit«. Ohne Gewaltanwendung darf kein Eindringen möglich sein.
- Wenden Sie alle weiteren Sicherungsmaßnahmen konsequent an. Was nützt die schönste Alarmanlage, wenn sie nicht richtig funktioniert bzw. nicht eingeschaltet ist, oder die beste Videoüberwachungsanlage, wenn sie nicht kontrolliert wird.
- Im Urlaub sollten unbedingt zusätzliche Vorsorgemaßnahmen getroffen werden. Verriegeln Sie alle möglichen Einstiegsstellen ordnungsgemäß und verschließen Sie Ihre teuren Wertsachen in einem Safe. Lassen Sie keinen Fremden erkennen, daß Ihre Wohnung leersteht. Den Eindruck des Bewohntseins können Sie durch einige technische Tricks vortäuschen, indem Sie mit einer Zeitschaltuhr z.B. abends Licht und Radio einschalten oder die Rolläden hoch- und runterfahren. Sinnvoller ist es, den Nachbarn damit zu beauftragen, sich um Ihre Wohnung zu kümmern.
- Aufmerksamkeit und Hilfsbereitschaft unter Nachbarn ist hier unbezahlbar. Oft vertrauen Diebe auf die Anonymität der Bewohner untereinander.
- Gegenüber fremden Leuten sollten Sie stets eine gesunde Skepsis haben. Kontrollieren Sie immer mit der Haussprechanlage, wer zu Ihnen will. Drücken Sie nicht schon den Türöffnungsknopf, bevor der Eintretende gesagt hat, wer er ist und was er will. Ist die Person erst einmal im Haus, so kann sie in aller Ruhe eine schlecht gesicherte Wohnungstür aufbrechen.
- Seien Sie trotz aller Sicherheitsmaßnahmen dennoch auf den schlimmsten Fall vorbereitet. Dokumentieren Sie alle Wertsachen mit genauer Beschreibung, möglichst auch mit Foto, allein schon aus versicherungsrechtlichen und polizeilichen Gründen. So besteht wenigstens die Chance, das gestohlene Gut wiederzubekommen und möglicherweise zur Aufklärung weiterer Verbrechen beizutragen.

Versicherungsrechtliche Bestimmungen

Der Schaden, der jährlich durch Einbruchdiebstahl entsteht, geht in Milliardenhöhe. Versicherungen regulieren im allgemeinen alle Schäden, die dem betroffenen Versicherten durch absichtliches, widerrechtliches Handeln Dritter zugefügt werden, d.h. alle Schäden, die durch Beraubung oder Einbruch entstanden sind. Aufgrund der Vielzahl von Schadensfällen können Versicherungen eine sehr exakte Risikowertung vornehmen und schreiben deshalb dem Versicherungsnehmer vor, zur vorbeugenden Schadensverhütung beizutragen. Wirksame Sicherungsmaßnahmen (in erster Linie technische Absicherungen) müssen dem jeweiligen Risiko angemessen gegenüberstehen. Treffen Sie am besten mit dem Vertreter Ihrer Sachversicherung genaue Absprachen und legen Sie schriftlich nieder, welche Sicherungen unbedingt notwendig sind und welche weiteren Maßnahmen für Ihr spezielles Objekt empfohlen werden.

An dieser Stelle sei eingefügt, daß Versicherungen dem Eigeneinbau von mechanischen Sicherungen und insbesondere elektronischen Überwachungen prinzipiell skeptisch gegenüberstehen, nämlich aus der Erfahrung heraus, daß unfachmännisch montierte Absicherungen oder Alarmanlagen so gut wie wirkungslos sind.

Schließlich ist aber das Ergebnis entscheidend, d.h. auch der geübte Heimwerker darf mit der notwendigen Sorgfalt die eine oder andere Montage selbst ausführen. Überschätzen Sie aber nicht Ihre Fähigkeiten und übergeben Sie im Zweifelsfall die Arbeiten einem echten Fachmann.

Auflagen der Versicherungen

Im Rahmen der Verbrechensvorbeugung hat der Verband der Sachversicherer (VdS) einen Katalog erstellt, in dem angegeben wird, wie die unterschiedlichen Objekte abzusichern sind. An diese Richtlinien sollten Sie sich prinzipiell halten:

- Alle Außentüren, unabhängig von der Versicherungssumme, sind durch ein Sicherheitsschloß, einen stabilen Sicherheitsbeschlag und einen fest verankerten Schließwinkel zu schützen.
- Türen, Fenster und sonstige Schwachstellen in Wänden, Böden und Dächern bedürfen dann einer mechanischen Absicherung; gegebenenfalls auch der Überwachung durch eine Einbruchmeldeanlage, wenn diese Einstiegsstellen ohne Hilfsmittel von außen (z.B. über die Feuerleiter, Garage) erreichbar sind.
- Unzureichende mechanische Absicherungen können grundsätzlich nicht durch eine Einbruchmeldeanlage ausreichend ersetzt werden.
- Erhöhte Einbruchrisiken (z.B. Lage am Ortsrand) erfordern zusätzliche Absprachen mit dem Versicherer.
- Wohnungen und Häuser werden je nach Gefährdungsgrad in unterschiedliche Sicherungsklassen eingeteilt.

Sicherungsklassen

(0): Haushalte mit geringfügigen Werten.

SH 1: Ständig bewohnte Wohnungen in Mehrfamilien- und Hochhäusern.

SH 2: Ständig bewohnte Einfamilien- und Reihenhäuser.

SH 3: Zweitwohnungen, von einem Dritten ständig kontrolliert.

SH 4: Selten bewohnte Gebäude wie Villen und Wochenendhäuser.

Die genauen Sicherungsrichtlinien erhalten Sie beim Verband der Sachversicherer (VdS) in Köln.

Sicherheit durch Technik

Wo muß besonders abgesichert werden?

Machen Sie selbst einen Rundgang um Ihr Haus oder durch Ihre Wohnung und überlegen Sie systematisch, wo die Schwachpunkte Ihrer Absicherung liegen.

Bedenken Sie: Der Täter will unter geringstmöglichem Zeit- und Arbeitsaufwand, bei so wenig Lärm wie möglich in den Besitz Ihres Eigentums kommen.

Analysieren Sie den Sicherheitsstandard Ihres Hauses nach folgenden Punkten:

- Sind die Außentüren einbruchhemmend, d.h. massiv ausgeführt und mit soliden Schlössern und Beschlägen versehen?
- Sind die Fenster im Erdgeschoß richtig abgesichert, etwa mit Gittern, Sicherheitsglas usw.?
- Kann man auf irgendeinem »Umweg« ins Haus eindringen, vielleicht vom Nachbarn aus oder durch den Schuppen?
- Gibt es die Möglichkeit, durch Mauerwerk oder Dach durchzubrechen?
- Wie sind die baulichen Gegebenheiten: Freie Sicht, zusätzliche Umzäunung, Mauer- oder Garagenvorsprünge?
- Wie ist die Verbindung nach außen, etwa durch eine unterirdische Telefonleitung? Ist Ihr Nachbar in der Nähe?
- Sind bereits zusätzliche elektronische Sicherungen angebracht?

Jede Kette so stark wie ihr schwächstes Glied.

So nützt es auch bei der Absicherung des Hauses nichts, wenn Sie nach vorne Ihr Haus zu einer Festung ausbauen und die Rückseite offensteht.

Als Einbruchstellen bei Einfamilienhäusern werden von Einbrechern gewählt:
62 % von der Hausrückseite,
28 % von der Vorderseite,
7 % von der Seite und
3 % über das Dach.

Einbruchstellen bei Hochhauswohnungen sind zu 75 % die Wohnungstür und zu 25 % Balkon oder Fenster.

Deshalb muß jede einzelne Stelle individuell und ihrem Gefährdungsgrad entsprechend abgesichert werden.

Die Grundlage eines Sicherungssystems ist der mechanische Schutz. Jede Maßnahme, die den Aufwand eines Einbrechers erhöht, wirkt abschreckend.

Zusätzlich erhöhen Einbruchmeldeanlagen das Risiko für einen Einbrecher. Diese sollen den Einbruchversuch so früh wie möglich anzeigen, so daß die mechanische Absicherung noch lange genug standhält, bis Gegenmaßnahmen wirksam ergriffen werden können.

Erst durch das richtige Zusammenspiel von Mechanik, Elektronik und organisatorische Maßnahmen wird ein optimaler Schutz gewährleistet.

Die für Sie geeignetsten Sicherungsarten wählen Sie aus den nachfolgenden Kapiteln der Materialkunde aus. Lassen Sie sich darüber hinaus auch von Fachleuten oder polizeilichen Beratungsstellen informieren. Die Entscheidung, welche Absicherungen Sie verwenden wollen, hängt schließlich nicht nur von dem angestrebten Sicherungseffekt, sondern von den baulichen Gegebenheiten und letztlich auch von den Kosten ab.

Mechanische Sicherungen

Die Überwindung von mechanischen Sicherungen darf nur mit Gewalt, massiven Werkzeugen und unter einem gewissen Zeitaufwand möglich sein.

Zur Mechanik gehören Tür-, Fenster- und Kellerschachtabsicherungen sowie die Außenumzäunung, aber auch Tresore und Wertbehältnisse.

Je nach Höhe des entgegengesetzten Widerstandes unterscheidet man verschiedene Sicherheitsklassen. Am höchsten wird die mechanische Sicherung eingestuft, die es dem Täter nicht nur so schwer wie möglich macht, sondern ihn dazu bewegt, gleich seine Finger davon zu lassen.

Überwachung

Überwachungsanlagen sind aufgeteilt in: Lichtanlagen, optische, akustische sowie elektronische Überwachung. Diese Anlagen können sowohl manuell als auch automatisch, z.B. durch Infrarot oder Radarsensor, betätigt werden.

Optische Überwachungen sind: Türspione, Kameras und Videoanlagen. Der Täter muß hierbei immer damit rechnen, daß er beobachtet und die Polizei verständigt wird.

Durch die akustische Überwachung kann geklärt werden, ob eine Gefahr vorliegt.

Mit einer Gegensprechanlage aus gesicherter Distanz können Sie überprüfen, ob die ankommende Person zum Zutritt berechtigt ist oder nicht.

Beleuchtung

Eine gute Ausleuchtung des Überwachungsobjektes durch Halogenstrahler oder Außenlampen wirkt in erster Linie abschreckend, denn sie täuscht Anwesenheit von Menschen vor. Die Beleuchtung kann so projektiert werden, daß entweder das Objekt selbst oder das Vorfeld erhellt wird. Ein Täter verliert auf diese Art leicht die Übersicht und weiß nie, ob er vielleicht gesehen wird.

Alarm

Einbruchmeldeanlagen melden den Einbruch an der überwachten Stelle automatisch. Überfallmelder werden hingegen von Hand betätigt. Der Alarm wird entweder durch Blinklicht und Sirenengeheul und/oder durch Postleitung zum nächsten Wachunternehmen angezeigt. Eine Leitung zur Polizei ist in der Regel nur bei sehr hohem Sicherheitswert möglich. Elektronische Sicherungsanlagen sollen schon durch ihre Anbringung eine psychologische Abschreckung des Täters bewirken. Vor »Attrappen« sei jedoch gewarnt, denn diese werden von Kennern schnell erkannt und bilden eine besondere Herausforderung.

Mechanik

Beleuchtung

Alarm

Diese Stellen sind zu sichern

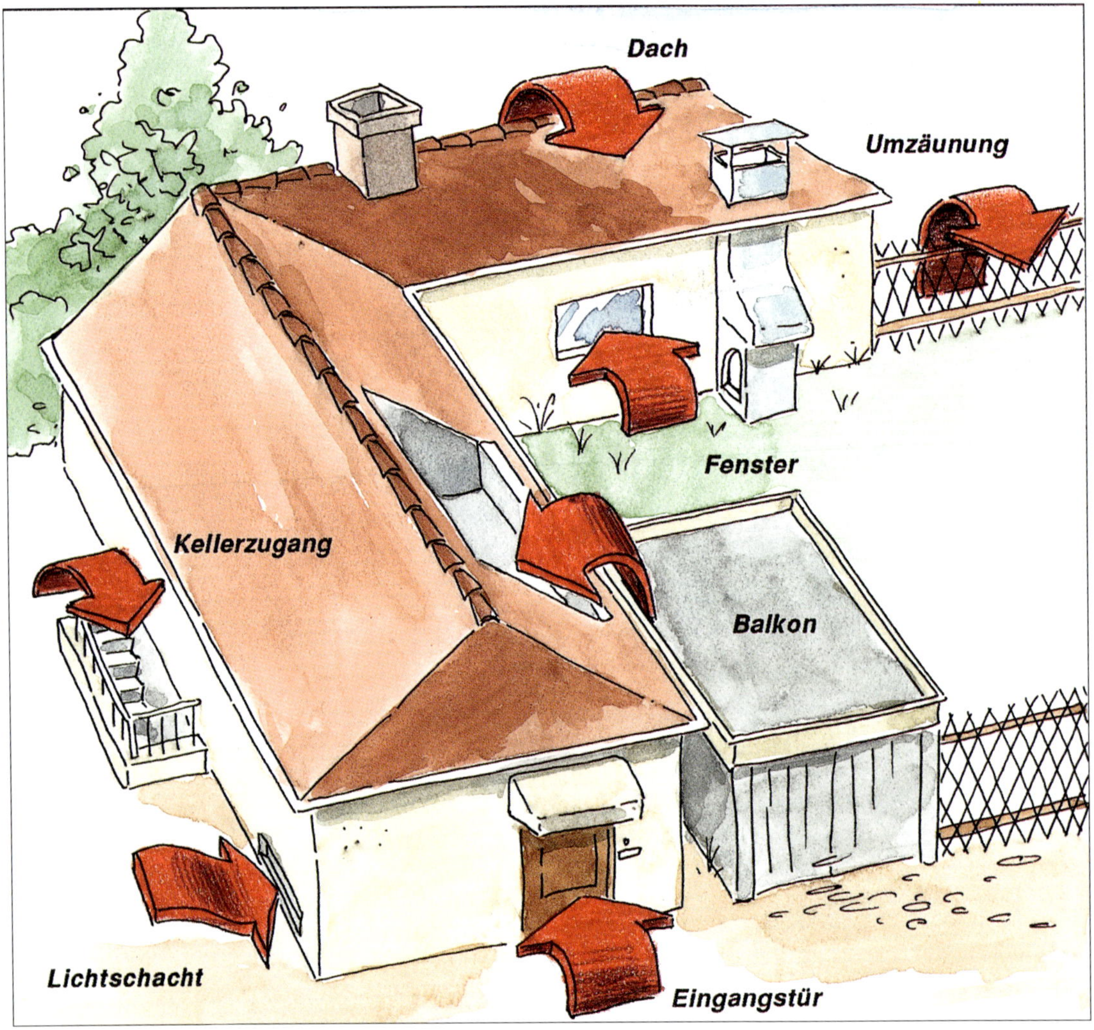

Sicherung des Freigeländes

Geeignete Außensicherungen des Freigeländes halten einen möglichen Einbrecher oft schon von Anfang an von seinem Vorhaben ab, wenn Sie das Vorfeld Ihres Hauses (Eingangs-, Zufahrtsbereiche und den Garten) richtig sichern, hell ausleuchten und gegebenenfalls zusätzlich elektronisch überwachen.

Umzäunung

Voraussetzung für eine Überwachung des Vorfeldes ist natürlich der mechanische Schutz des gesamten Grundstückes. Ein stabiler Zaun hält Unbefugte vom Grundstück fern.
Einbrecher scheuen ein solches Hindernis vor allem, wenn seine Überwindung einige Zeit in Anspruch nimmt und dabei die Gefahr besteht, gesehen zu werden. Aus diesem Grund sollte die Umzäunung transparent sein. Gebüsche und Hecken bieten einem Einbrecher nur gute Verstecke.

> ***Profitip***
> Das Sicherungsobjekt sollte von einer Umzäunung eingefaßt und trotzdem von allen Seiten frei sichtbar sein.

Schaltbare Außensteckdosen

Steckdosen, die außerhalb des Wohnbereiches angebracht sind, sollten von innen abschaltbar sein, damit Einbrecher dort nicht Elektrowerkzeuge anschließen bzw. Ihre Stromversorgung manipulieren können. Eine Alarmanlage können Sie so anlegen, daß beim Schärfen der Anlage automatisch alle Außenstromkreise unterbrochen werden.

Automatische Toranlagen

Zu einer richtigen Rundumzäunung gehören natürlich auch Türen und Zufahrtstore. Das Einfahrtstor für den Pkw wird häufig offen gelassen, weil es mühsam ist, aus dem Auto aus- und wieder einzusteigen. Hierfür gibt es automatische, fernbediente Torantriebe. Vom Auto kann man bequem mit einem Handsender per Knopfdruck das Garten- und das Garagentor öffnen. Das Funksignal ist mit einem Geheimcode verschlüsselt, um Mißbrauch auszuschließen. Vor allem für gefährdete Personen, die einen Überfall fürchten, ist diese technische Lösung zu empfehlen.
Wäre außen eine Sirene mit der Freilandüberwachung gekoppelt, käme es beispielsweise bei Bewegungen von Tieren ständig zu Fehlalarmen.
Die elektronische Überwachung eines Grundstückes erfordert also eine professionelle Handhabe. Sie ist möglich durch:

- Überwachung des Zaunes,
- Radarsichtstrecken,
- Hochfrequenzlichtschranken.

Während die Integration dieser Melder in Alarmanlagen in der Regel nur Industriebetrieben gestattet ist, müssen sich Privatleute vor allem mit videotechnischen und lichttechnischen Maßnahmen begnügen.

> ***Profitip***
> Elektronisch überwachte Zäune und Geländeflächen dürfen nur eine Vorwarnung bzw. einen internen Alarm im Haus auslösen.

Freie Sicht schützt

Sichere Türen

Sicherheitsbeschlag

Sicherheitsbeschlag

Die meisten Einbrecher kommen durch die Tür. Dagegen helfen einbruchsichere Schlösser mit aufbohrgesicherten Profilzylindern und widerstandsfähigen Schutzbeschlägen. Diese Türsicherungen sind seitens der Versicherungen für alle Haushalte unbedingt vorgeschrieben.

Zylinderschloß

Schlösser mit Schließzylindern sollten heute eigentlich zum Standard gehören.

Profitip

Wichtig ist, daß der Schließzylinder dabei durch Hartmetallstifte aufbohrgesichert ist. Entscheiden Sie sich außerdem für eine gesicherte Schließung, d.h nur gegen Vorlage eines Sicherungsscheines können beim Fachhändler Nachschlüssel bestellt werden.

Die Palette der hochwertigen Sicherheitszylinder reicht bis hin zu elektromagnetisch sperrbaren Zylindern. Über eine externe Steuerung können dabei zusätzliche Zutrittsberechtigungen abgefragt, zugelassen oder gesperrt werden. Näheres zur Funktion und zur Montage eines Schließzylinders finden Sie auf den Seiten 54-57.

Sicherheitsbeschlag

Der Außenschild schützt den Schließzylinder. Er sollte daher den Zylinder bündig umfassen oder besser noch diesen mit einer gehärteten Metallscheibe völlig verdecken. Der Außenschild muß durch eine Stahlplatte verstärkt und so verankert sein, daß er sich keinesfalls von außen abschrauben oder abbrechen läßt. Wo keine Sicherheitsbeschläge angebracht werden können (z.B. an Metalltüren oder an Zusatz- bzw. Panzerriegelschlössern), müssen wiederstandsfähige Sicherheitsrosetten oder Stahlabdeckungen verwendet werden.

Profitip

Keinesfalls darf der Zylinder ungeschützt über dem Schließblech stehen. Einbrecher könnten sonst die Angriffsfläche nutzen, um den Zylinder mit einer Zange abzubrechen.

Für den Einkauf von Zylinder und Sicherheitsbeschlag sind die Maße von Schloßmitte bis Türaußenseite und Türinnenseite sowie das Maß vom Drücker bis

Mitte des Zylinders zu ermitteln. Entsprechend dieser Maße bekommen Sie bei einem Fachhändler den richtigen Profilzylinder und den passenden Beschlag. Wie ein Sicherheitsbeschlag angebracht wird, ist in der Arbeitsanleitung auf Seite 58/59 beschrieben.

Türbefestigungen

Üblicherweise sind Türen an drei Punkten mit dem Türrahmen, der sogenannten Zarge, verbunden, und zwar mit den beiden Türbändern und dem Schließriegel. Weil Türbänder und Verriegelungen oft viel zu schwach sind, können Türen sehr leicht eingetreten oder mit dem Brecheisen aufgestemmt werden. Ein übliches Schließblech reißt schon bei mäßiger Gewaltanwendung aus, und die Tür ist offen.

> **_Profitip_**
> Die Aufnahmen der Tür (Bänder und Verriegelung) müssen solide ausgeführt sein, um ein »Öffnen« mit der Brechstange zu verhindern.

Sicherheitsschließblech

Das Schließblech ist das Gegenstück zum Schloß. Es sollte aus massivem Winkelblech bestehen und möglichst fest im Türrahmen sowie im darunterliegenden Mauerwerk befestigt werden. Ist keine Verankerung im Mauerwerk möglich, muß das Schließblech mindestens auf eine Länge von 50 cm mit soliden Holzschrauben auf die Türzarge aufgeschraubt werden.

Aushebesicherung

Die Bandseite der Tür kann durch zusätzliche Aushebesicherungen geschützt werden. Dadurch wird ein Ausheben sowie ein Ausreißen der Türbänder erheblich erschwert.

Türblatt und Türzarge

Planen Sie Außentüren immer als stabile Vollholztüren oder Metalltüren (notwendig ab SH 2). Leichte Wabentüren können notfalls nachträglich von innen durch ein Stahlblech verstärkt werden. Glaseinsätze in Türen sehen zwar sehr schön aus, sollten aber entweder durch ein Gitter oder durch einbruchhemmendes Glas gesichert sein.
Natürlich nützt all der Aufwand nichts, wenn nicht auch die Zarge aus massivem Hartholz oder besser noch aus Metall be-

Türspion

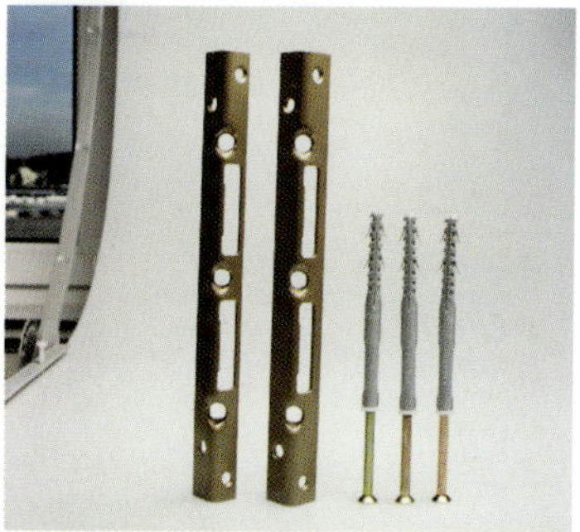

Sicherheitsschließblech

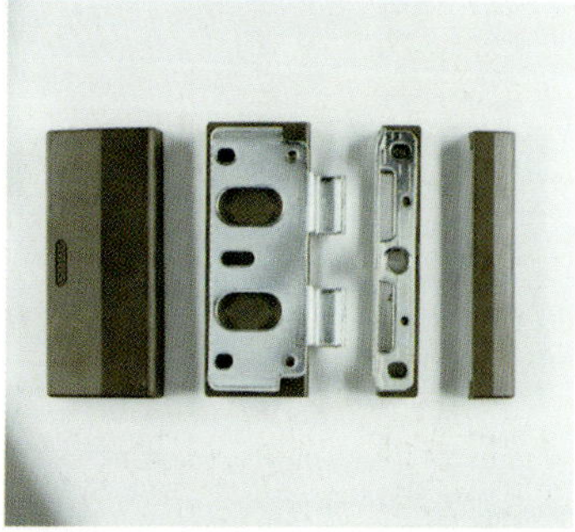

Bändersicherung

Türspion

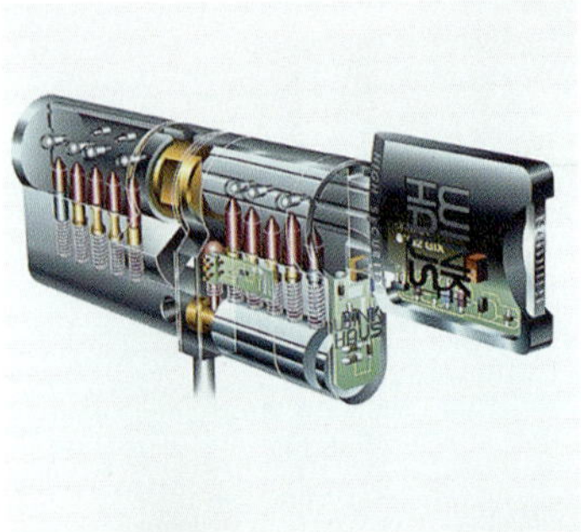

Zylinder

Zusatzschloß mit Sperrbügel

steht und fest im Mauerwerk verankert ist. Bei höheren Sicherheitsanforderungen (ab SH 3) schreiben die Versicherungen entweder eine Mehrfachverriegelung oder ein Zusatzschloß vor.

Türspion

Mit einem 200-Grad-Weitwinkelspion (Fischauge) sehen Sie genau, was sich vor Ihrer Tür ereignet. Auch sich duckende Personen, die nicht gesehen werden wollen, werden erfaßt. Der Türspion darf von außen nicht abschraubbar sein und sollte innen eine Abdeckung haben.

Zusatzschloß mit Sperrbügel

Ein Zusatzkastenschloß mit einem Sperrbügel bietet zwei Vorteile: Eine erhöhte Sicherheit und eine Türsperre. Das Zusatzschloß mit Spaltsperre funktioniert folgendermaßen: Wird es zweimal geschlossen, bedeutet dies eine totale Verriegelung und damit eine erhöhte Einbruchsperre. Wird es einmal geschlossen, so kann die Tür einen Spalt weit geöffnet werden = Überrumpelungsschutz.

Panzerriegelschloß

Mit einem Panzerriegel, auch Querriegelschloß genannt, wird Einbruchversuchen der größte Widerstand entgegengesetzt. Durch den stabilen Riegel, der beidseitig in die im Mauerwerk verankerten Schließkästen eingreift, sichern Sie Ihre Haustür auf der ganzen Breite und haben damit einen optimalen Schutz. Das Panzerriegelschloß gibt es auch in Kombination mit einem Sperrbügel. Wie ein Panzerriegel fachmännisch montiert wird, zeigt die Arbeitsanleitung auf den Seiten 60-63.

Ähnlich wie beim Sicherheitsbeschlag müssen hierbei die Zylinder gegen die unterschiedlichsten Aufbrechversuche von außen geschützt werden. Hierfür verwendet man eine spezielle Panzerrosette mit einer drehbar gelagerten Stahlscheibe, dem sogenannten Kernziehschutz.

Profitip

Sie sollten stets einen Reserveschlüssel bei einer Person Ihres Vertrauens deponieren. Je massiver die Türsicherung, desto schwerer ist es, im Falle, daß Sie einmal den Schlüssel verlieren, auch sich selbst wieder Zutritt zu verschaffen.

Einbruchhemmende Fenster

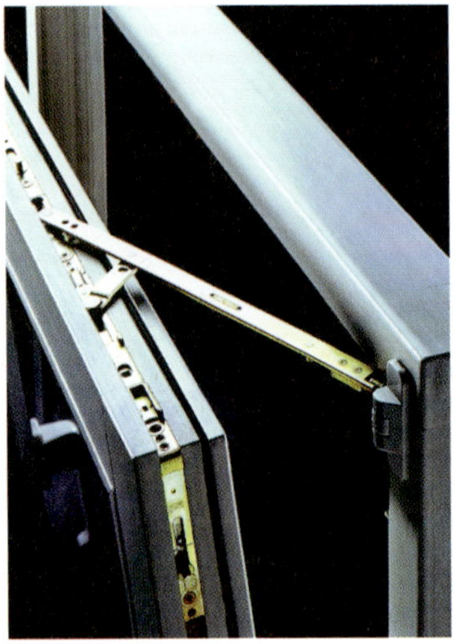

Verriegelung

Fenstergriff

Viele Fenster und Glastüren geben ein exklusives Wohngefühl. Für Einbrecher allerdings sind einfache Fenster kaum ein Hindernis. Er braucht nur die Scheibe einzuschlagen, um dann durchzugreifen und das Fenster von innen zu öffnen. Einziges Handicap für ihn ist dabei der entstehende Lärm von zerklirrendem Glas. Dem geht der Einbrecher aus dem Weg, indem er mit dem Glasschneider nur eine kleine Öffnung ins Glas schneidet oder den Fensterstock durchbohrt, um dann mit einem speziellen Draht den Fenstergriff zu betätigen.

Versicherungen schreiben Fenstersicherungen für Erdgeschoßwohnungen (SH 1) und Einfamilienhäuser (SH 2) vor.

Abschließbare Fenster, Terassentüren

Sichern Sie alle Fenster, die von außen ohne Hilfsmittel, wie z.B. Feuerwehrleitern, Garagenvorsprünge usw., leicht erreichbar sind. Auch Fenster und Balkontüren in oberen Stockwerken sowie Dachluken und Lichtkuppeln sind nicht zu vernachlässigen, denn so mancher Einbrecher betätigt sich gern als Kletterkünstler. Hinzu kommt die Unfallgefahr für kleine Kinder, die sich die Fenster selber öffnen und hinausstürzen könnten.

Es können verschiedene Sicherungsmaßnahmen wirkungsvoll eingesetzt werden: Tauschen Sie einfach den vorhandenen Fenstergriff gegen einen absperrbaren Griff mit Druckzylinder aus. Bei eingedrücktem Zylinder ist der Fenstergriff in jeder Stellung verriegelt. Auch für Balkontüren gibt es absperrbare Hebetürbeschläge, die durch Knopfdruck verriegelt werden.

Profitip

Eine sinnvolle und einfach zu montierende Maßnahme ist eine zusätzliche Fenstersicherung. Dadurch wird ein gewaltsames Aufhebeln und Aufdrücken des Fensterflügels verhindert.

Auch Schiebetüren können sowohl in leicht geöffnetem als auch geschlossenem Zustand durch zusätzliche Verriegelungen im oberen und unteren Bereich der Tür geschützt werden.

Einbruchhemmendes Glas

Damit Fenster vollen Widerstand gegen Einbruchversuche bieten, sollten alle Glasflächen mit einbruchhemmendem Glas oder glasähnlichem Kunststoff ausgestattet werden. Dazu gehört auch die entsprechende Rahmung des Glases. Der Rahmen muß den gleichen Sicherheitswert aufweisen und das erhöhte Gewicht der Sicherheitsverglasung tragen können. Je nach Sicherheitsbedürfnis gibt es Verbundglasscheiben von einbruchhemmend bis hin zum durchschußsicherem Panzerglas. Einbruchhemmendes Glas für Privatbereiche wird in verschiedene Widerstandsklassen eingeteilt.

Profitip
Sicherheitsverglasung ist mit enorm hohen Kosten verbunden. Deshalb entscheiden sich viele Hauseigentümer für günstigere Absicherungen der Fenster wie zum Beispiel Klapp- und Rolläden und Scheren- und Fenstergitter.

Klappläden
Einbruchsichere Klappläden kann man im geschlossenen Zustand nicht öffnen oder aushängen. Ein simples Winkeleisen, an der Oberseite des Klappladens angebracht, und ein einfacher Riegel, der ins Mauerwerk greift, genügen als Sicherung.

Rolläden
Versicherungen erkennen Rolläden aus Metall oder Holz als Fensterabsicherung an. Die Führungsschienen des Ladens müssen gegen Herausreißen und Abschrauben gesichert sein; eine Sperre muß zudem verhindern, daß der Rolladen angehoben werden kann. Die Rolladensicherung kann auch nachträglich angebracht werden.

Scherengitter
Große Glasflächen von Veranda- oder Ladentüren können Sie durch Scherengitter verschließen. Diese Gitter müssen massive Führungsschienen und Verschlußeinrichtungen aufweisen.

Fenstergitter
Eine stabile Absicherung für Fenster sind Metallgitter, sofern sie massiv ausgeführt und fest im Mauerwerk verankert sind. Fenstergitter eignen sich überall, wo keine Möglichkeit des Durchgehens oder Durchreichens gewünscht wird. Näheres zur Montage eines Fenstergitters finden Sie auf den Seiten 66-67.

Einfache Fenstersicherung

Sicherung mit Kippmöglichkeit

Keller- und Lichtschachtabsicherungen

Lichtschächte und Kellerbereiche zählen bei alleinstehenden Einfamilienhäusern, aber auch bei Reihenhauswohnungen, zu den bevorzugten Einbruchstellen. Denn gerade im Kellerbereich kann der Täter, durch Schatten oder Gebüsche geschützt, völlig unbeobachtet arbeiten.

Oft sind diese »Einstiegsstellen« nur unzureichend abgesichert. Dabei kann die nachfolgende Absicherung jeder handwerklich begabte Heimwerker selbst vornehmen.

Lochblechgitter

Kellerfenster werden oft durch innen angebrachte Lochblechgitter geschützt. Der Schwachpunkt von diesen Gittern ist die Verriegelung von innen.

Um wirksamen Einbruchschutz zu gewährleisten, sollte die Verriegelung in Stahlausführung und auch abschließbar sein. Zusätzlich hierzu sollten aber auch Gitterrostsicherungen vorhanden sein.

Gitterrostsicherungen

Lichtschächte sind fast immer durch ein Gitterrost abgedeckt. Dieses dient gleichzeitig als Trittplatte. Wenn das vorhandene Gitterrost stabil genug ist, kann man es im Lichtschacht durch Flacheisenstangen oder Ketten gegen Herausheben sichern. Die Ketten und Stangen sollten möglichst lang sein und entweder im Mauerwerk angedübelt oder mit einem Vorhängeschloß an eine entsprechende Halterung befestigt werden. Letzteres ist zu empfehlen, wenn die Gitter von Zeit zu Zeit wieder geöffnet werden müssen (z.B. zum Auffüllen des Öltanks) oder der Kellerschacht den Fluchtwegvorschriften genügen muß.

Rollenrohrsicherungen

Eine besonders solide Sicherung sind lose befestigte Stahlstangen und Rohre, die ein Durchsägen fast unmöglich machen. Die Rohre werden seitlich von zwei Halterungen geführt. Die Verschraubung des Gitters darf nicht von außen zu lösen sein. Dies verhindern kleine Metallscheiben, welche die Schrauben verdecken. Rollenrohrgitter gibt es in bestimmten Größen im Fachhandel zu kaufen. Näheres zum Bau und zur Montage eines Rollenrohrgitters erfahren Sie auf den Seiten 68/69.

Gitterrostsicherung mit Kette

Sicherung mit Flacheisen

Tresore

Wertsachen sollten Sie zu Hause nie offen liegen lassen. Am sichersten ist natürlich, teure Wertgegenstände bei der Bank im Schließfach zu deponieren. Für jeden, der aber größere Werte zu Hause aufbewahrt, sollte ein Tresor in den eigenen vier Wänden selbstverständlich sein. Für Wertsachen, Geld, Dokumente und Datenträger gelten sehr differenzierte Sicherungsrichtlinien.

Profitip
Bei der Aufbewahrung von größeren Werten und unwiderbringbaren Unterlagen ist die eingehende Beratung beim Versicherungsfachmann dringend zu empfehlen.

Sie sollten genau überlegen, welche Größe, Sicherheitsstufe und Ausführung für Sie geeignet ist.

Sicherheitsstufen:

- A: Kleine Möbeltresore, angeschraubte Kassetten, Versicherungsschutz minimal.
- B: Eingemauerter Wandtesor, verankerter Möbeltresor, Sicherheitsschrank mindestens 200 kg.
- C: Wertschrank mehrwandig, über 300 kg.
- D: Panzergeldschrank.

Sicherheitsklassen:

- Euro/VdS 1: 80.000,-
- Euro/VdS 2: 150.000,-
- Euro/VdS 3: 270.000,-
- Euro/VdS 4: 450.000,-
- Euro/VdS 5: 720.000,-

Bei zusätzlicher Überwachung eines Behältnisses durch eine VdS-anerkannte Einbruchmeldeanlage verdoppelt sich meist die Versicherungssumme.

Brandschutz
In alle mehrwandig konstruierten Tresore sind hitzedämmende Isolierschichten eingearbeitet, wodurch neben dem Schutz vor Diebstahl auch ein hoher Schutz vor Feuer erreicht wird.
Tresore mit dem Zusatz F schützen Ihre Wertsachen und Papiere ebenfalls vor Vernichtung durch Feuer.

Tresorschlösser
Ein häufig verwendetes Schloß für Tresore ist das Doppelbartschloß. Beim Schließvorgang werden mindestens neun einzelne Zuhaltungen betätigt und die Richtigkeit des Schlüssels überprüft, bevor sich der Riegel in Bewegung setzt. Doppelbartschlösser funktionieren äußerst präzise und haben daher einen sehr hohen Sicherheitswert. Wer aber den Schlüssel lieber im Kopf als in der Tasche trägt, wählt ein Zahlenkombinationsschloß.

Geldkassetten
Sie haben einen äußerst geringen Sicherheitswert, weil sie jeder mitnehmen kann, wenn sie nicht ausreichend verankert sind.

Wandtresore
Wandtresore haben bei sachgerechtem Einbau höchste Versicherungswerte der Stufe B. Als Heimwerker bauen Sie sich Ihren Tresor natürlich selber in die Wand. Dazu schlagen Sie ein Loch in die Mauer, etwa 20 cm größer als die Maße des Tresors sind. Zum Auffüllen sollten Sie eine gute Betonmischung und Armierungsstahl verwenden.

Möbeltresore
Diese Tresore können in Schränke und Regale eingebaut und durch die Rückwand im Mauerwerk verdübelt werden.

Panzergeldschränke
Diese Schränke erfüllen allerhöchste Sicherheitsanforderungen (C2F, D10).

Abschreckende Beleuchtung

Lichttechnische Maßnahmen sind eine sinnvolle Ergänzung zu einer soliden mechanischen Absicherung. Dadurch wird beim Einbrecher ein hoher Abschreckungseffekt erzielt.
Nichts verunsichert einen Einbrecher mehr als die Gefahr, bei seinem Vorhaben beobachtet zu werden. Richtig plazierte Beleuchtungskörper, die den gesamten Außenbereich und insbesondere die »kritischen Stellen« beleuchten, in Verbindung mit mechanischen Sicherungen sind ein wirksamer Schutz gegen Einbruchversuche.

Innenbeleuchtung

Erleuchtete Räume täuschen den Eindruck des Bewohntseins vor. Die Innenraumbeleuchtung ist eine Art Objektbeleuchtung.

Mittels Zeitschaltuhren können auch während Ihrer Abwesenheit Lampen in verschiedenen Zimmern zu unterschiedlichen Zeiten ein- und ausgeschaltet werden. Außerdem haben Sie die Möglichkeit, weitere Schaltungen zu kombinieren: Etwa das Herauf- und Herunterlassen der Rolläden oder das Spielen der Stereoanlage am Abend.

Außenbeleuchtung

Einen optimalen Einbruchschutz bietet die lückenlose Rundumbeleuchtung des Hauses, die sich bei Annähern einer Person selbsttätig einschaltet. Für Bewohner und Gäste ist es darüber hinaus angenehm, wenn sie in der Nacht aufgrund der Beleuchtung gleich das Türschloß oder das Klingelschild finden.
Für einen Einbrecher darf es in Ihrem Garten keine unausgeleuchteten Stellen wie Hecken, Gebüsche, Nischen oder Schatten, Kellerabgänge usw. geben, in denen er ungesehen agieren kann. Bei einer guten »Vorfeldbeleuchtung« wird der Täter verunsichert, weil er einerseits gesehen werden kann, andererseits aber herannahende Personen auf der dunkleren Straße unbemerkt bleiben (taktische Projektierung). Bei der Planung eines Beleuchtungssystems legen Sie Art und Leistungsfähigkeit der Lampen, den Netzplan und die Schaltungsart fest.

Profitip

Wählen Sie geeignete Standorte für die Beleuchtung und den Schalter. Die Beleuchtung ist besonders sinnvoll, wenn der Täter durch ein Hindernis, z.B. eine Mauer oder einen Zaun, gezwungen wird, sich einige Zeit im Hellen aufzuhalten.

Beleuchtungskörper

Lampen und Strahler können entweder am Haus selbst, z.B. an der Hauswand, oder unter dem Dach in etwas Entfernung angebracht werden, z.B. am Boden, Pfosten oder am Nachbarhaus.

Profitip

An Eingängen und Garagenzufahrten sollten Lampen so angebracht werden, daß sie nicht blenden und Ihnen selbst gut die Zugänge beleuchten. So haben Sie auch durch den Türspion oder durch die Videokamera eine gute Nachtsicht.

Die Wahl der geeigneten Leuchtkörper hängt von der Größe der zu beleuchtenden Fläche, der Helligkeit und der Lebensdauer der Lampen ab. Erkundigen Sie sich gründlich über Reichweite und Leuchtradius der geplanten Lampen, damit Sie in der Lage sind, eine vollständige Ausleuchtung zu planen.

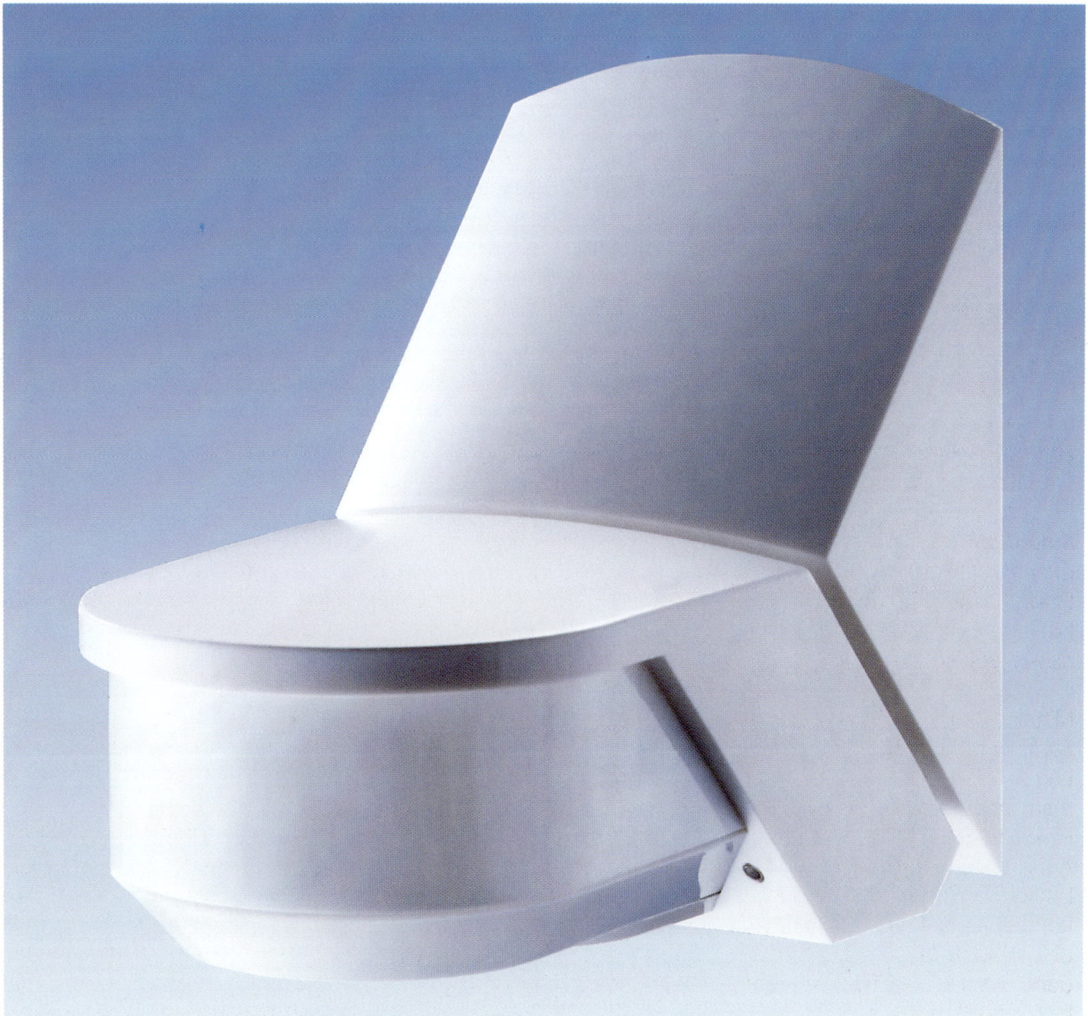

Am preiswertesten sind Wandlampen und Gartenlampen, die mit gewöhnlichen Glühbirnen betrieben werden. Eine bessere Leistungsfähigkeit und helleres Licht bieten aber Halogenstrahler.

Schalter

Sicherheitsbewußtes Planen bedeutet auch geeignete Schalterstandorte sowohl für die automatische als auch für die manuelle Bedienung festzulegen.

- Manuelle Schalter sollten zentral plaziert sein, damit die Beleuchtung schnell eingeschaltet werden kann.
- Zeitschaltuhren können die Beleuchtungskörper zu bestimmten eingegebenen Zeiten schalten. Sie sind besonders für Innenbeleuchtungen geeignet.
- Eine sehr gute Sicherungsmaßnahme sind Lichtsteuerungssysteme, die sich bei der Annäherung einer Person selbsttätig einschalten. In der Regel verwendet man zu diesem Zweck Infrarot-Melder. Diese IR-Melder registrieren die Wärmestrahlung von Menschen und schalten je nach Programmierung das Licht für eine bestimmte Zeit ein.

Wirkungsvolles Beleuchtungskonzept

Überwachung durch Video

Die Kameraüberwachung eines Geländes kommt eigentlich nur für Anwesen mit sehr hohem Sicherheitsrisiko in Frage. Denn sinnvoll ist eine Kameraüberwachung nur, wenn im entscheidenden Moment auch tatsächlich jemand vor dem Monitor sitzt, wie dies bei Firmen und Industrieanlagen der Fall ist.

Eine Sicherheitszentrale übernimmt in großen Firmen diese Aufgabe. Für einen Privathaushalt bestünde hierbei zwar die Möglichkeit, die Bildüberwachung einem Wachdienst zu übertragen, doch dies ist mit sehr hohen Kosten verbunden. Dennoch werden hier die Möglichkeiten der Kameraüberwachung aufgezeigt; schließlich gibt es günstige Kompakt-Sets mit Kamera, Befestigung, Koaxial-Kabel und Monitor zu kaufen.

Die Videoüberwachung übermittelt das Gesamtbild eines Ist-Zustandes auf elektronischem Weg an einen anderen Ort. Ihre wichtigsten Komponenten sind Kamera und Monitor.

Unter dem sicherheitstechnischen Aspekt gilt: Je früher eine unberechtigte Person erkannt wird, desto eher können Maßnahmen getroffen werden. Am wirksamsten sind hierfür Überwachungszonen im Vorfeld des Hauses. Hier hat die Kameraüberwachung eine große Bedeutung, da sie nicht von Störungen wie Witterung, Tiere, Blätterfallen usw. beeinflußt wird. So lassen sich Eindringlinge nicht nur detektieren, sondern auch eindeutig identifizieren, und man kann ihre Absicht erkennen. Von einem anderen Ort aus können Sie gezielte Maßnahmen treffen.

Profitip
Die Bedeutung der Videoüberwachung steigt zusätzlich, wenn sie automatisch, also durch einen Sensor, gesteuert wird und beim Detektieren von Personen ein Signal gibt.

Kameras

Je nach Einsatzzweck gibt es Kameras für den Innenraum eines Gebäudes sowie zur Freilandüberwachung.

Bei der Überwachung des Außengeländes ist die Anschaffung einer geeigneten Kamera verhältnismäßig teuer, weil zusätzlich ein Wetterschutzgehäuse angebracht werden muß. Andere Bauteile wie Infrarot-Scheinwerfer, Schwenkkopf und Wandbefestigungen sind gegebenenfalls nötig. Die meisten Kameras arbeiten mit einem CCD-Halbleiterchip. Sie haben die Röhren abgelöst.

CCD-Kameras werden den Ansprüchen modernster Technologien gerecht. Ihre Auflösung beträgt je nach Qualität bis zu 500.000 Bildpunkte (Pixel) bei hoher Lichtempfindlichkeit.

CCD-Kameras haben theoretisch eine unbegrenzte Lebensdauer bei absoluter Wartungsfreiheit. Es gibt kein Einbrennen auch bei starker Beleuchtung. Sie sind sofort nach dem Einschalten betriebsbereit, da sie keine Aufwärmzeit benötigen. Außerdem gewährleisten sie eine sehr gute Bildaufnahme. Die Positionierung der Kameras kann bewußt auffällig sein, um gleichzeitig abschreckend zu wirken; bei besonders sensiblen Bereichen empfiehlt sich jedoch der versteckte Einsatz kleinster Kameras. Heute gibt es schon Kameras, die sogar bei völliger Dunkelheit brauchbare Bilder liefern. Möglich ist dies durch integrierte IR-LEDs mit einer Reichweite bis zu 4 Metern. Solche hochwertigen Kameras haben allerdings auch ihren Preis.

Kamera

Monitor

Time Lapse Rekorder

Objektive

Die Qualität der gesamten Fernsehanlage hängt entscheidend von der Wahl des Objektives ab. Als Standardobjektiv bezeichnet man bei 2/3"-Kameras ein Objektiv von 16 mm Brennweite und bei 1"-Kameras ein Objektiv mit 25 mm Brennweite.
Am Objektiv sind Entfernung und Blende manuell bzw. automatisch einstellbar.

Profitip

Vermeiden Sie bei der Standortwahl der Kamera Gegenlichtaufnahmen (z.B. Sonnenlicht); richten Sie möglichst die Kamera von Süden nach Norden oder im Innenbereich von der Fensterseite nach innen.

Monitore

Im Videoüberwachungsbereich verwendet man überwiegend Schwarz-/Weiß-Übertragung.
Darauf sind auch die Monitore abgestimmt und sie arbeiten im 5" = 13 cm bis 20" = 51 cm-Bildgrößenbereich. Monitore besitzen meistens automatische wie auch manuelle Kameraumschalteinheiten. Die Bildübertragung erfolgt mit einem 75-Ohm-Koaxialkabel und ab ca. 500 m Übertragungsweg in Zweidrahttechnik.

Steuerung

Die Steuerung der Kamera erfolgt meist manuell oder über einen Sensor. Spannender wird es, wenn mehrere Kameras und ggf. Monitore miteinander »vernetzt« sind. Hier besteht die Möglichkeit, daß jeder Monitor mit jeder Kamera in Verbindung tritt, und zwar dauerhaft oder in einem ständig wechselnden Rhythmus.
Die Steuerung der Kameras kann auch von einem Bildüberwachungsgerät übernommen werden. Bei Bildveränderung, wie z.B. beim Betreten des Überwachungsraumes durch eine Person, erscheint dieses Kamerabild automatisch auf dem Monitor. Parallel dazu ist es möglich, dieses Bild per Telefonleitung zu einem Wachunternehmen zu übertragen. Dort kann dann sofort festgestellt werden, ob nur ein Fehlalarm vorliegt oder ob tatsächlich Einbrecher am Werke sind.

Aufzeichnungsgerät

Optimal, aber auch entsprechend teuer, ist das Zuschalten eines Langzeitvideorekorders.

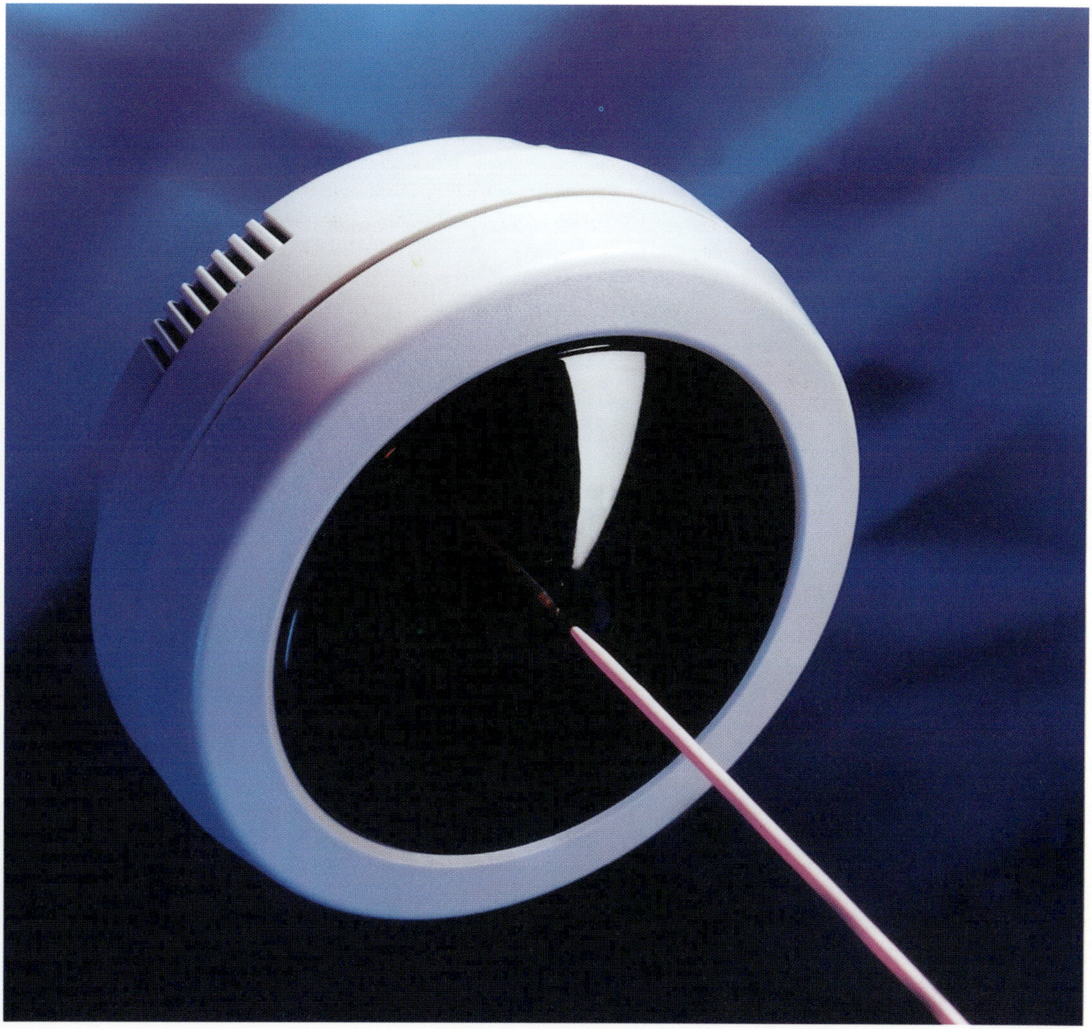

»Zutritt nur für Berechtigte«

Bildsprechanlage

Zutrittskontrolle

Gegensprechanlagen

Niemand soll sich unerlaubt in Fluren und Gängen von Wohnhäusern aufhalten können. Gegensprechanlagen sind heutzutage in fast allen Mehrfamilienhäusern installiert. Die Sprechverbindung wird von der Wohnung zur Türstation hergestellt.

Gegensprechanlagen sind eine Möglichkeit, um festzustellen, wer vor der Eingangstür steht und sich Zutritt verschaffen will. Sie erfüllt aber nur dann ihren Zweck, wenn sie von allen Bewohnern konsequent benutzt wird.

Videosprechanlage

Bei der Videosprechanlage handelt es sich um eine gekoppelte optische und akustische Anlage; die nützlichere aber auch teurere Version der Gegensprechanlage. Eine Videosprechanlage kann sowohl im Einfamilienhaus als auch in Hochhäusern und Appartementhäusern mit mehreren Eingängen installiert werden. Wird der Klingelknopf betätigt, ertönt im jeweiligen Wohnbereich ein elektrisches Rufsignal, und das Bild der Kamera erscheint auf dem Monitor. Automatisch wird auch der Sprechverkehr zur Außenstation möglich. Die Kamera, in der Regel mit einem Weitwinkelobjektiv ausgestattet, kann dabei geschickt unter dem Klingelschild versteckt werden, so daß niemand von außen bemerkt, daß er gesehen werden kann. Für eine einwandfreie Funktion auch bei Dunkelheit sorgt am besten eine automatische Lichtsteuerung der Türstation.

Profitip

Die Videosprechanlage ist beliebig erweiterungsfähig. So können je nach Wunsch viele Monitorsprechstellen innerhalb einer Wohnung angebracht werden.

Auch die Zuschaltung einer weiteren Kamera, z.B. für die Garageneinfahrt, ist möglich. Für umfangreichere Überwachungsaufgaben ist dann allerdings eine umfassende Videoanlage geeigneter.

Zutrittskontrollen

Auch in der Schließtechnik geht der Trend mehr und mehr in die Elektronik. Die höherwertigen Zutrittskontrollen, meist in Firmen, bestehen aus Kartenlesegerät und Tastatur für den persönlichen Code. Mit einer Magnetkarte

(Scheckkarte) und Ihrem Code können Sie sich damit Zugang zu bestimmten Bereichen verschaffen. Als Karten können alle Scheck-, Kreditkarten sowie entsprechende Firmenausweise benutzt werden.
Der Ausweisleser wandelt die Codierung des Ausweises in elektronische Impulse um und leitet diese weiter an ein Steuergerät. Das Steuergerät verarbeitet die vom Ausweislesegerät übermittelten Informationen und entscheidet über die Zutrittsberechtigung.
Über eine Schnittstelle sind Zutrittskontrollsysteme an einen PC anschließbar. Von dieser Stelle aus können z.B. folgende Funktionen eingegeben werden:

- Welche Personen dürfen wo eintreten?
- Zu welchen Zeiten ist der Zugang möglich?

Bei Verlust der Karte kann der Zutritt für die unberechtigten »Finder« sehr schnell gesperrt werden; derjenige, der die Karte verloren hat, bekommt eine neue Karte mit einem anderen Code. Jedes Türöffnen kann genau mit Zeitangabe, Ausweisnummer und dem jeweiligen Zutrittsbereich gespeichert werden.

Gegensprechanlage

Alarmanlagen

Alarmanlage ist ein Sammelbegriff für Einbruch-, Überfall-, Sabotage-, Brand- und andere Störfallmeldeanlagen. Ihre Aufgabe ist die elektronische Überwachung des Sicherungsobjektes und das rechtzeitige Melden des »Notfalles«. Je nach Projektierung der Anlage können verschiedene Überwachungsaufgaben vorgesehen werden.
Einen aktiven Widerstand leisten Alarmanlagen jedoch nicht.

Erst in Kombination mit solider Mechanik und geeigneten organisatorischen Maßnahmen (Verhalten im Alarmfall) ist ein Optimum an Sicherheit gegeben.
Mit Hilfe von Alarmanlagen werden die hilfeleistenden Stellen zuverlässig und schnellstmöglich alarmiert; dadurch kann der Schaden so gering wie möglich gehalten werden.
Die Art der Alarmierung muß dem jeweiligen Risiko angemessen sein. Gleichgültig, ob die Alarmierung durch örtliche Signalgeber (Sirenen, Blinkleuchten) oder extern (über Postleitung) erfolgt; wichtig ist, daß Wachmänner, Polizei bzw. Feuerwehr rechtzeitig zur Stelle sind.

Einbruchmeldeanlagen

Nicht jeder Einbrecher ergreift bei Auslösung des Alarms panikartig

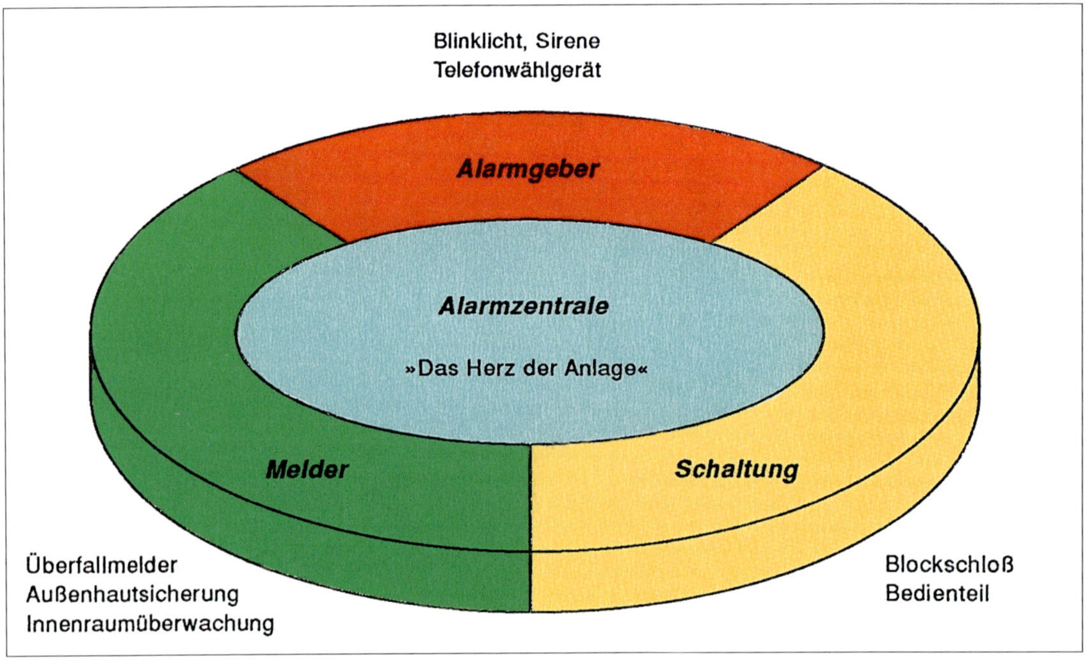

die Flucht; manche kalkulieren ganz genau mit der Zeitspanne, bis die Polizei kommt, oder rechnen mit dem Desinteresse der im Schlaf gestörten Nachbarschaft.

Die Stärke einer Einbruchmeldeanlage liegt im möglichst frühen Erkennen eines Einbruch- oder Aufbruchversuches und in der Alarmierung der hilfeleistenden Stellen.

Einbruchmeldeanlagen dienen der Überwachung des Sicherungsobjektes bei Abwesenheit, gegebenenfalls auch bei Anwesenheit der Bewohner.

Komponenten der Anlage

Jede Einbruchmeldeanlage besteht im wesentlichen aus vier Bestandteilen:

- Alarmzentrale,
- Alarmmelder,
- Schaltorgane,
- Alarmgeber.

Auf die Einzelheiten dazu wird auf den folgenden Seiten eingegangen. Zunächst aber erst zu den Anforderungen, die eine gute Einbruchmeldeanlage erfüllen muß:

- Alarmanlagen müssen zur Vermeidung von Fehlalarmen weitgehend sicher vor Stör- und Witterungseinflüssen sein.
- Die Anlage muß für das jeweilige Projekt und dessen Schwachstellen optimal ausgelegt sein.
- Für den Betreiber muß eine unkomplizierte Bedienung möglich sein.
- Die Montage und Wartungsarbeiten müssen fachmännisch durchgeführt werden.

Der Verband der Sachversicherer (VdS) schreibt sogar vor, daß die Montage, Inbetriebnahme sowie Wartung der Einbruchmeldeanlage von einem anerkannten Fachbetrieb durchzuführen sind.

- Die Alarmanlage sollte qualitativ hochwertig sein. Der VdS erkennt nur verdrahtete Anlagen an, erkennbar am VDE-Zeichen und an der Anerkennungsnummer des VdS.

VdS-Anerkennung

Für private Wohnbereiche mit Wertsachen bis 200.000 DM empfehlen Sachversicherungen Anlagen der Klasse A. Die Überwachung erfolgt dabei schwerpunktmäßig durch Bewegungsmelder, die Alarmierung muß zumindest örtlich (durch Sirene und Blinklicht) erfolgen.

Bei Wertsachen über 200.000 DM ist eine Einbruchmeldeanlage der Klasse B Vorschrift. Neben der Innenraumüberwachung müssen auch alle Einstiegsmöglichkeiten (Fenster, Türen, Schächte) überwacht werden. Die Alarmierung muß mit einem Telefonwählgerät (TWG) zu einem anerkannten Wachunternehmen in Verbindung mit einem örtlichen Alarm erfolgen.

Alternativen: Wem der Prämienvorteil nicht von primärer Bedeutung, sondern das Vorhandensein einer Alarmeinrichtung wichtig ist, dem stehen einige Alternativen zur Auswahl:

- Drahtlose Systeme,
- Kompaktsets,
- Alarmtürschlösser.

Hervorzuheben sind die drahtlosen Alarmsysteme. Die Alarmübermittlung bei drahtlosen Anlagen geht entweder über das vorhandene Stromnetz, wobei die Signalfrequenz dem Leitungsnetz überlagert wird, oder über Funk. Vorteil beider Methoden ist der geringe Installationsaufwand.

Projektierung einer Anlage

Auf der folgenden Doppelseite sehen Sie alle Bestandteile einer modernen Überfall- und Einbruchmeldeanlage am Beispiel eines Einfamilienhauses.

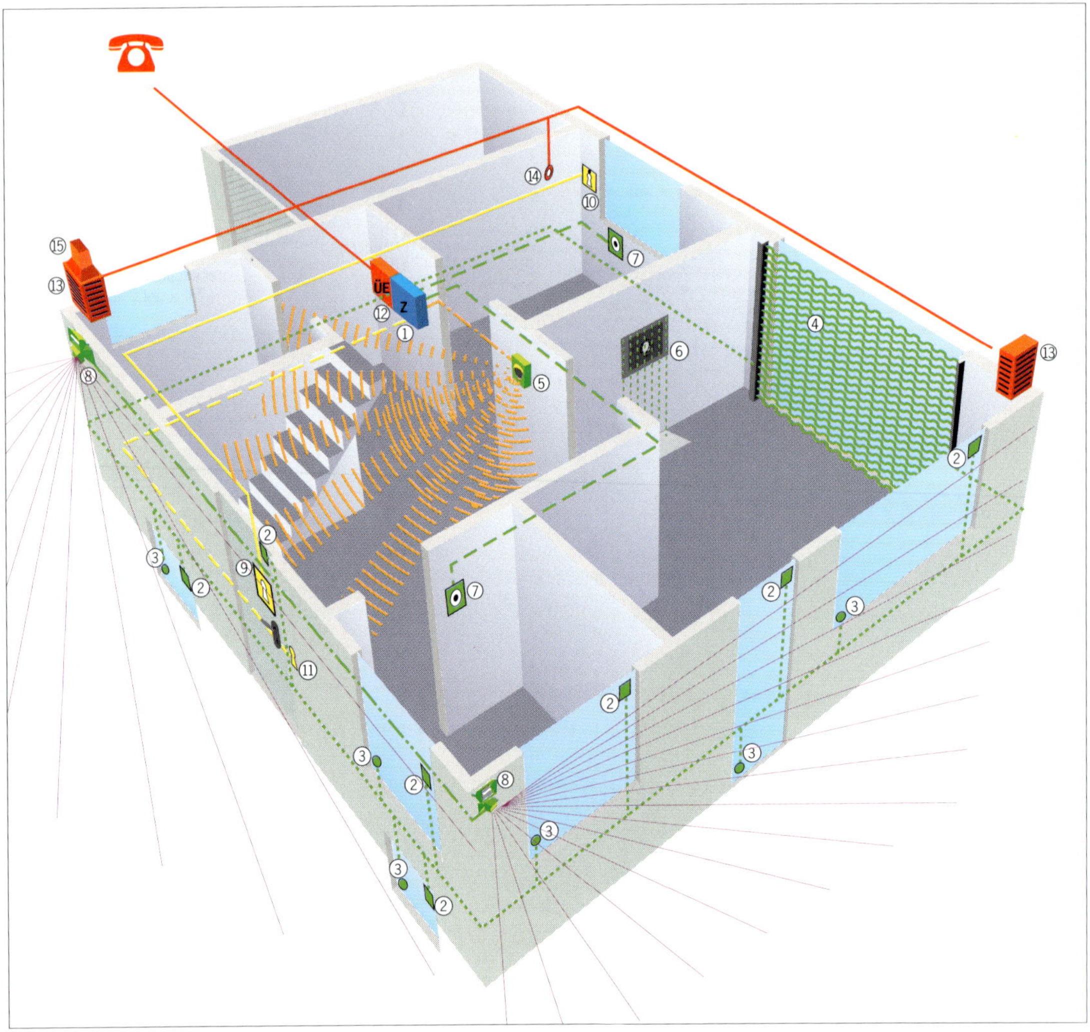

ÜE
Z
1
2
3
4
5
6
7
8
9
10
11
12
13
14
15

Außenhautüberwachung

Raumüberwachung

feldmäßige Überwachung

Überfallüberwachung

Freigeländeüberwachung

Scharf-/Unscharfschaltung (intern/extern)

Verschlußüberwachung

Alarmierungseinrichtungen (still/optisch/akustisch)

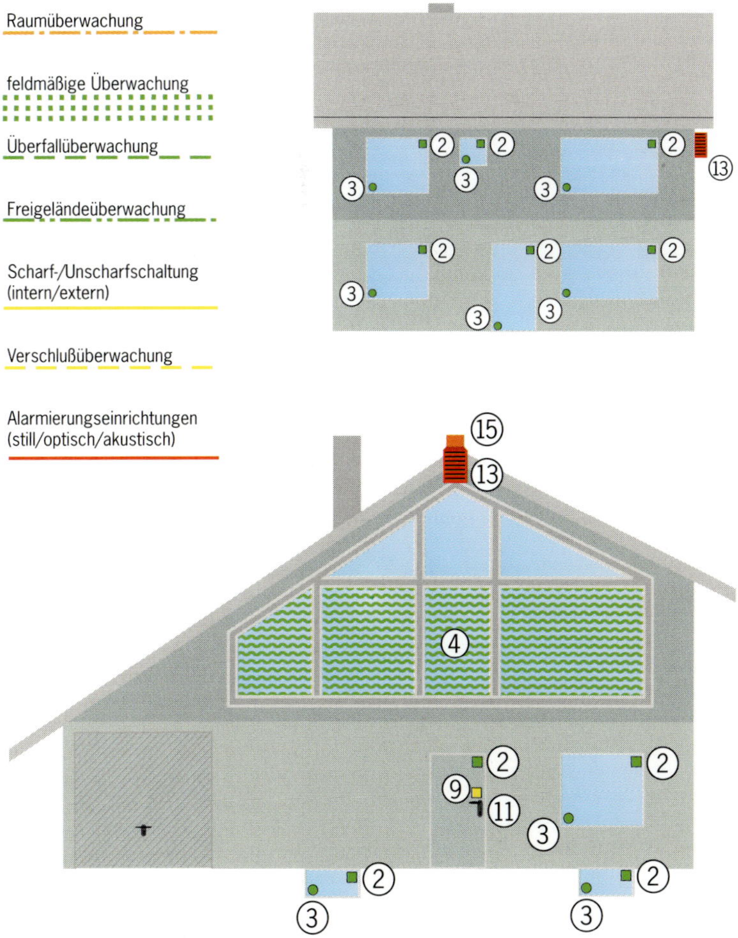

1 Überfall- und Einbruchmelderzentrale

2 Außenhautüberwachung Öffnungsmelder (z.B. Magnetkontakte)

3 Außenhautüberwachung Durchbruchmelder (z.B. Glasbruchsensoren)

4 Streckenüberwachung (z.B. Infrarot-Lichtvorhang)

5 Raumüberwachung (z.B. Bewegungsmelder)

6 feldmäßige Überwachung (z.B. Feldveränderungsmelder)

7 Überfallüberwachung (z.B. Überfallmelder)

8 Freigeländeüberwachung (z.B. Infrarot-Lichtschaltgerät mit Scheinwerfer)

9 externe Scharfschalteinrichtung (z.B. Blockschloß)

10 interne Scharfschalteinrichtung (z.B.Innenbedienteil)

11 Verschlußüberwachung (z.B. Riegelschaltkontakte)

12 Übertragungseinrichtung (ÜE, AWAG, AWUG)

13 akustischer Signalgeber extern (z.B. elektronische Sirene)

14 akustische Signalgeber intern (z.B. Piezo-Signalgeber)

15 optischer Signalgeber (z.B. Blitzleuchte)

Alarmzentrale

Das Herzstück jeder Einbruchmeldeanlage ist die Zentrale. Ihre wichtigsten Funktionen sind:

- Entgegennahme aller von den Meldern kommenden Signale (Einbruch- und Überfallmelder).
- Überwachungs- und Kontrollfunktionen (überprüft wird der ordnungsgemäße Zustand und die Stromversorgung).
- Auswertung der Scharfschalteinrichtungen (Blockschloß, Bedieneinrichtung).
- Auslösung der Alarmierung (Sirene, Blinklicht, Telefonwählgerät, Polizeidirektleitung).

Aufbau der Zentrale

Einbruchmeldezentralen haben einen modularen Aufbau und eine Vielzahl verschiedener Programmöglichkeiten, wodurch eine genaue Anpassung der Überwachungsaufgabe an das jeweilige Sicherungsobjekt möglich ist. Kleinere Zentralen haben maximal 4 Meldelinien; sie sind in der Regel zur Absicherung für Einfamilienhäuser ausreichend.

Für höhere Sicherheitsansprüche und größere Objekte bieten sich mittlere mit 4 bis 10 Meldelinien an. Gegebenenfalls können mit einem Zusatzgerät die Meldegruppen je nach Anforderung beliebig erweitert werden.

Alle Meldegruppen werden auf ihren elektrischen Widerstand überwacht. Durch Sperrtasten sind bei guten Anlagen verschiedene Meldegruppen abschaltbar. Dadurch kann die Anlage bei Abwesenheit wie auch bei Anwesenheit der Bewohner eingeschaltet werden. Zur Vermeidung selbstausgelöster Fehlalarme sollte die Möglichkeit einer Scharfschalt- und einer Alarmverzögerung bestehen.

Profitip

Die Zentrale muß an einer geschützten Stelle innerhalb des Überwachungsbereiches untergebracht sein. Damit ist sichergestellt, daß die Anlage nicht durch Sabotage gestört werden kann. Für die Energieversorgung ist neben dem Netzanschluß eine Notstromversorgung vorzusehen, die einen Stromausfall von mindestens 60 Stunden überbrückt.

Da eine solche Anlage einiges an Kosten und Eingewöhnung erfordert, sollten Sie sie sehr sorgfältig planen und sich unbedingt von kompetenter Seite beraten lassen.

Planung der Anlage

Der Planung einer Einbruchmeldeanlage sollte zunächst eine gewissenhafte Sicherheitsanalyse vorausgehen. Dabei müssen alle Schwachstellen des Hauses aufgedeckt werden. Zusätzlich sind noch weitere Überlegungen anzustellen:

- Verlangt der Versicherer aufgrund des Sicherheitsrisikos zur Deckung der Versicherungssumme eine Alarmanlage?
- Gibt es Werte, die durch besondere Sicherungsmaßnahmen geschützt werden müssen?
- Stehen die Bewohner unter einem erhöhten Sicherheitsrisiko, so daß eine Überfallmeldeeinrichtung wichtig wird?
- Wie lange dauert es im Alarmfall bis Hilfe (Polizei oder Bewachungsunternehmen) eintrifft?
- Können Sie von Nachbarn Unterstützung und Kooperation erwarten?
- Welche Störfaktoren könnten den einwandfreien Betrieb der Alarmanlage beeinträchtigen?
- Ist die ordnungsgemäße Funktion der Anlage gewährleistet (konsequentes Scharfschalten)?

Von der Qualität der Einbruch-

Verschiedene Einbruchmeldezentralen

meldezentralanlage hängt es ab, wie wirkungsvoll Sie das Sicherungskonzept gestalten können. Man unterscheidet im wesentlichen die Konzepte der »Abwesenheitssicherung« sowie der »Anwesenheitssicherung«.

Die Abwesenheitssicherung

Sie besteht aus einer umfassenden Absicherung der Wohnbereiche. Die Abwesenheitssicherung beginnt bei der Innenraumüberwachung (meist Bewegungsmelder in Form von Infrarot-, Ultraschall- oder Radarmeldern).
Bei Abwesenheit wird die Alarmanlage extern, also von außen, scharf geschaltet. Im Fall eines Einbruches oder einer Sabotage löst die Einbruchmeldeanlage sofort Hauptalarm aus.
Eine sinnvolle Ergänzung hierzu ist eine lückenlose Außenhautsicherung, bestehend aus Öffnungsmeldern für Fenster, Türen und sonstige Einstiegsmöglichkeiten. Zusätzlich kann für Eingangsbereiche und Durchgänge eine Fallensicherung projektiert werden. Besonders wertvolle Gegenstände überwacht man durch eine Objektsicherung (z.B. Tresorüberwachung).

Die Anwesenheitssicherung

Sie hat die Aufgabe, Ihnen einen »ruhigen Schlaf« zu garantieren. Einzelne Bereiche des Hauses werden durch eine Alarmanlage kontrolliert. So brauchen die Bewohner nicht zu fürchten, über Nacht oder während sie beschäftigt sind, still und leise überrascht und bestohlen zu werden.
Als Sicherung bei Anwesenheit kommt die Außenhautüberwachung in Frage. Die Innenraumüberwachung scheidet für diesen Sicherungszweck aus, weil man schließlich die Bewegungsfreiheit in den eigenen vier Wänden nicht einschränken möchte. Sie schalten die Einbruchmeldeanlage zur Anwesenheitssicherung intern an der Anlage selbst oder an einem Bedienteil scharf bzw. unscharf. Der Alarm kann nach Wunsch des Betreibers programmiert werden und zwar intern als Voralarm oder als Hauptalarm mit Verzögerung. Gut plazierte Überfallmelder und Notrufdrücker sichern Sie selbst vor ungebetenen Ganoven.

Sabotageschutz

Alle Leitungen der Anlage werden widerstandsüberwacht; jede Veränderung (z.B. Durchtrennen oder Überbrücken) registriert die Zentrale als Sabotage. Außerdem sind alle Gehäusedeckel gegen Abnehmen gesichert, so daß jeder Eingriff an Meldern, Alarmgebern sowie der Zentrale bei scharfgeschalteter Anlage sofort zu einem Außenalarm führt. Auf diese Sabotagelinie werden gewöhnlich auch alle Überfallmelder gelegt.

Profitip

Alle hochwertigen Anlagen müssen gegen Manipulation von außen geschützt sein.

Moderne Technologie

Die neue Generation von Einbruchmeldeanlagen arbeitet auf der Basis modernster Datenbustechnik. So stehen alle Komponenten der Anlage permanent in direkter Verbindung. Informationen können ausgetauscht und präzise abgefragt werden.

Ein weiterer Schritt in die Zukunft wurzelt in der modernen Datenfernübertragung: Per Ferndiagnose können ohne Verzögerung alle Zustandsmeldungen im normalen Betriebsfall als auch im Gefahrenfall abgefragt werden.

Alarmmelder

Alarmmelder sind sozusagen die »Wachposten« der Alarmanlage. Sie werden in den Räumen an Wänden, Türen und Fenstern angebracht und entdecken einen Angriff auf das überwachte Objekt. Man unterscheidet verschiedene Arten Alarmmelder je nach ihrem Sicherungszweck:

- Innenraumüberwachung,
- Außenhautsicherung,
- Überfallmeldung.

Profitip
Es ist sinnvoll, den Sicherheitsbereich in möglichst viele Meldebereiche zu unterteilen und jedem Bereich eine Meldegruppe zuzuordnen. Eine Meldegruppe sollte nicht mehr als 20 Melder zusammenfassen.

Gewöhnlich haben Einbruchmeldeanlagen mehrere Meldelinien für die Außenhautsicherung, für die Innenraumüberwachung in den verschiedenen Bereichen und Stockwerken des Sicherungsobjektes, für die Überfallmeldelinien sowie Sabotagelinien und Überwachungsschleifen zur Funktionsprüfung der Anlage. Die Meldelinien einer Anlage, auch Schleifen genannt, arbeiten in der Einbruchmeldeanlagentechnik mit dem Ruhestromprinzip. Die Arbeitsstromschleife kommt wegen ihrer hohen Sabotageempfindlichkeit eigentlich nur für Überfallmeldelinien in Frage.
Alle Melder einer Schleife werden in der Regel über Verteiler in Reihe geschaltet; von der Zentrale aus durchfließt ein »Ruhestrom« die Melder. Entweder verfügt eine Schleife über einen Abschlußwiderstand oder es sind mehrere Teilwiderstände enthalten. Nur bei sehr hochwertigen Anlagen werden durchweg Melder mit je einem kleinen Widerstand verwendet.
Der Gesamtwiderstand einer Linie erzeugt bei Stromdurchfluß einen definierten Spannungsabfall, der von der Zentrale überprüft wird. Treten plötzlich Spannungsdifferenzen auf (hervorgerufen durch das Ansprechen eines Melders oder durch Manipulation), so wird dies von der Zentrale als Alarm identifiziert.

Profitip
Leitungen sind immer entsprechend ihrer Verwendung auszuwählen und möglichst unauffällig innerhalb des Sicherungsbereiches zu verlegen. Verbindungen von Leitungen müssen in geeigneten Verteilern vorgesehen werden.

Melder und Schalteinrichtungen können mit einem flexiblen Kabel mit einem Aderquerschnitt von mindestens 0,14 mm angeschlossen werden. Bei Meldern ohne Teilwiderstand müssen die Kabel zum Sabotageschutz vier gleichfarbige Adern aufweisen, die alle in die jeweilige Meldelinie eingeschleift werden.

Innenraumüberwachung
Raumüberwachung bedeutet, daß bestimmte Teile des Wohnbereiches gegen »Eindringlinge« überwacht werden.

Profitip
Zur Innenraumüberwachung sollten Sie bevorzugt Bewegungsmelder verwenden, die ein dreidimensionales Meßfeld aufbauen und, wie der Name schon sagt, auf Bewegung reagieren.

Die meisten Bewegungsmelder arbeiten auf Infrarotbasis. Sie empfangen die von Menschen ausgestrahlte Wärme. Betritt nun eine Person den Überwachungs-

bereich, so ergibt sich ein »Wärmeunterschied«, der von der Elektronik zur Alarmauslösung ausgewertet wird.
Ultraschall- und Hochfrequenz-(Radar-)Bewegungsmelder kommen nur sehr selten zum Einsatz. Geht eine Person durch den Überwachungsbereich, so wird eine veränderte Frequenz zurückgeworfen. Man bezeichnet diese Frequenzverschiebung auch als Doppler-Effekt, die vom Gerät ausgewertet wird.
Lichtschranken werden entweder mit Licht, Infrarot oder Ultraschall betrieben. Sie lösen aus, wenn die Strahlen zwischen Sender und Empfänger unterbrochen werden.
Körperschallmelder setzt man zur Überwachung von Wertbehältnissen und Tresoren ein. Sie sprechen auf Erschütterungen und Vibrationen durch Gewaltanwendung an.
Weitere Alarmmelder für den Innenbereich sind z.B. Trittmatten, Druckmelder und kapazitive Feldänderungsmelder.

Außenhautüberwachung

Unter Außenhautsicherung versteht man die Sicherung aller von außen angreifbaren Schwachstellen des zu sichernden Objektes.

Profitip
An der Außenhaut des Wohnbereiches angebrachte Melder und Kontakte sollten schon vorzeitig einen Einbruchversuch erkennen und auslösen, und zwar noch bevor der Täter den Wohnbereich betreten kann.

Dazu sind zunächst alle Schwachstellen der Außenhaut zu suchen. Diese sind gewöhnlich Türen, Glasflächen, Luken, aber auch Dachabdeckungen und schlecht gemauerte Wände. Voraussetzung für eine wirkungsvolle Außenhautsicherung ist, daß sich alle Außenöffnungen ordnungsgemäß verschließen lassen.
Magnetkontakte sind Schalter, die an jedem Fensterflügel, Oberlicht und an jedem Türrahmen angebracht sein müssen und den verschlossenen Zustand kontrollieren. Beim Scharfschalten der Einbruchmeldeanlage melden sie zurück, daß alle Außenöffnungen verschlossen sind; bei einem Einbruchversuch unterbrechen sie den Ruhestromkreis der Überwachungslinie und signalisieren der Zentrale den Alarm.
Mechanische Kontakte reagieren im Gegensatz zu Magnetkontakten wesentlich empfindlicher auf Feuchtigkeit und Schmutz, weshalb sie auch immer weniger verwendet werden. Glasbruchsensoren werden direkt auf alle Glasflächen aufgeklebt, um beim Einschlagen oder Zerschneiden des Glases sofort Alarm auszulösen. Glasbruchsensoren erfassen mit kleinen Quarzplättchen als Schwingungsaufnehmer genau die charakteristischen Frequenzen zerspringenden Glases.
Eine Alarmtapete dient der Überwachung ganzer Wände auf Durchbruch. Ein feinmaschiges Drahtgitter wird auf die Tapete aufgebracht, eine Zerstörung der Drähte führt zur Alarmauslösung.

Profitip
Zum persönlichen Schutz sollten Überfallmelder an geeigneten Stellen plaziert sein, z.B. an Eingangstüren und im Schlafzimmer oder als mobile Handsender in der Nähe.

Überfallmelder

Überfallmelder haben den Zweck, bei akuter Bedrohung Alarm auslösen zu können.

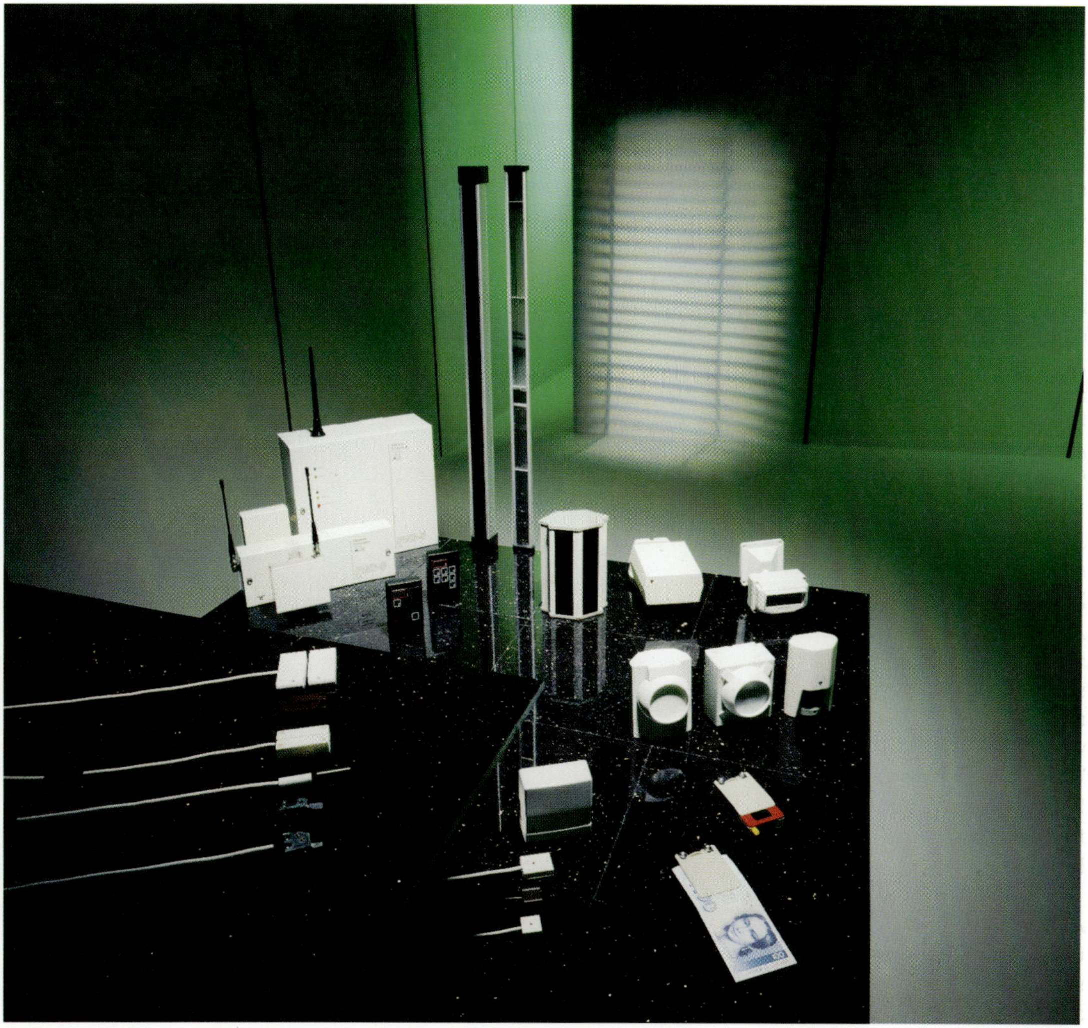

Schaltorgane

Auch bei kurzzeitigem Verlassen des Wohnbereiches sollte die Einbruchmeldeanlage grundsätzlich scharfgeschaltet werden. Gewöhnlich ist an allen Türen, durch die man den Wohnbereich verläßt, eine externe Scharfschalteinrichtung angebracht (Tür mit Blockschloß). Nach dem Prinzip der »Zwangsläufigkeit« dürfen andere Türen bei scharfgeschalteter Anlage von außen nicht mehr zu sperren sein. Nach dem Scharfschalten der Anlage führt jedes Auslösen eines Alarmmelders und jede Sabotagesicherung sofort zu einem Alarm.
Zur Kontrolle des Schaltzustandes können die Schaltorgane Quittiereinrichtungen und Kontrollämpchen enthalten.

Externe Scharfschaltung

Für die externe Scharfschaltung der Alarmanlage wird gewöhnlich ein Blockschloß verwendet, welches in der zuletzt bzw. zuerst begehbaren Tür des Sicherungsbereiches eingebaut ist. Es darf nur von außen bedienbar sein und sollte mit einem kleinen Signalgeber versehen sein, der über den jeweiligen Schaltzustand Aufschluß gibt.
Blockschlösser mit Profilzylinder können in jede Schließanlage integriert werden. Sie müssen gegen Sabotageangriffe aller Art geschützt sein. Inzwischen gibt es auch Elektronikzylinder, die die Blockschloßfunktion erfüllen. Sie lassen sich ohne große Probleme montieren.

Schaltung der Anlage

Auch Sperrschlösser können mit in die »Zwangsläufigkeit« einer Einbruchmeldeanlage einbezogen werden. Sie können neben der Schaltung der Anlage das Überwachungsobjekt zusätzlich verriegeln. Die Betreiber können also nicht versehentlich selbst Alarm auslösen, weil die Anlage mit dem Öffnen der Eingangstür gleichzeitig entschärft wird.

Interne Scharfschaltung

Eine Anlage kann auch bei Anwesenheit ganz oder teilweise von der Zentrale bzw. von einem Bedienteil aus geschaltet werden. Von hier aus läßt sich jederzeit auch der Zustand der Anlage kontrollieren.

Alarmgeber

Die Abbildung unten zeigt verschiedene Signalgeber: Blinklicht, Sirene, interne Alarmgeber, verschiedene automatische und digitale Übertragungssysteme. Letztere melden über das Telefonnetz oder über eine Direktleitung der nächsten hilfeleistenden Stelle, wenn ein Alarm vorliegt.

Akustischer, optischer Alarm

Die Alarmierung erfolgt in aller Regel durch Sirenengeheul mit Blinklicht und eventuell unter Hinzuschaltung der gesamten Hausaußenbeleuchtung.

Die primäre Absicht bei der »lauten« Alarmierung ist, den aufgeschreckten Einbrecher möglichst sofort zu vertreiben, sobald er erkennt, daß ihm nicht mehr genügend Zeit bleibt, den Einbruch fertig auszuführen. Sinnvoll ist es, die Nachbarn über die Einbruchmeldeanlage zu informieren; sie sollten auch genau wissen, was im Alarmfall zu tun ist.

Versicherungen schreiben für Einbruchmeldeanlagen der Klasse A und B das Vorhandensein zweier unabhängiger Sirenen und eines Blinklichtes vor.

Stiller Alarm

Eine andere Möglichkeit ist der »stille« Alarm, wodurch über eine Postleitung der nächstgelegene Sicherheitsdienst verständigt wird. Eine Direktleitung zur Polizei ist nur bei sehr hohem Sicherheitsrisiko möglich und außerdem mit verhältnismäßig hohen Kosten verbunden. Beim stillen Alarm besteht eine hohe Wahrscheinlichkeit, den Täter auf frischer Tat zu schnappen, sofern er selbst die Alarmauslösung nicht bemerkt hat.

Interner Alarm

Manchmal ist es ratsam, die Alarmauslösung um einige Sekunden zu verzögern und zunächst nur durch einen »internen« Alarm mittels eines akustischen Signals anzukündigen. Eine solche Maßnahme hat den Vorteil, daß ein vom Bewohner aus Unachtsamkeit hervorgerufenes Signal nicht sofort zu einem Außenalarm führt und dem Betreiber noch genügend Zeit bleibt, den Fehler durch Entschärfen der Anlage zu korrigieren.

Alarmierungsmöglichkeiten

Die wichtigsten Werkzeuge

Auf diesen beiden Seiten sind in Kurzbeschreibungen die wichtigsten Werkzeuge zusammengestellt, die Sie zum Einbauen von Tür- und Fenstersicherungen und zur Montage von Gegensprech-, Video- und Alarmanlagen benötigen. Welche Werkzeuge Sie für einzelne Arbeitsgänge und Anleitungen brauchen, ersehen Sie aus den Abbildungen unter der Rubrik »Werkzeuge«, die Sie bei allen Arbeitsanleitungen finden.

Werkzeuge zum Messen und Anzeichnen

1
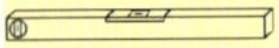

1 **Wasserwaage:** Man benötigt sie bei Montagen zum senkrechten und waagrechten Einrichten.

Werkzeuge zum Greifen

2
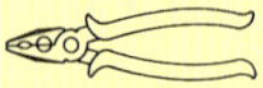

3
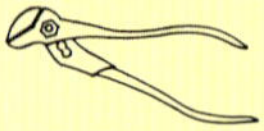

4
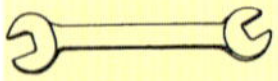

5
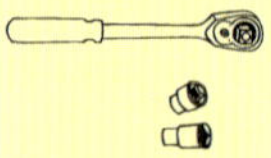

6

2 **Kombizange:** Dieses Mehrzweckwerkzeug können Sie bei vielen Gelegenheiten einsetzen.

3 **Wasserpumpenzange:** Diese Zange hat einen großen Einsatzbereich. Mit ihr können Sie eine Vielzahl von Formen festhalten.

4 **Gabelschlüssel:** Mit ihm lassen sich Sechskantschrauben und Muttern befestigen und lösen.

5 **Ratschen und Nüsse:** Der Ratschensatz erleichtert Ihnen die Arbeit erheblich, da beim Auf- und Zuschrauben das lästige Umgreifen entfällt. Verlängerungen und Gelenke sind weitere Hilfen.

6 **Schraubenzieher:** Achten Sie bei Schraubarbeiten immer darauf, daß Sie für Schrauben jeweils die passende Klinge verwenden.

Werkzeuge zum Montieren und Befestigen

7
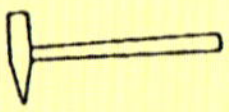

8

9
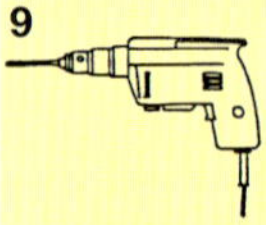

10

11

12

13

7 **Hammer:** Er gehört zur Grundausstattung eines jeden Heimwerkers.

8 **Meißel:** Einen Meißel brauchen Sie, um Durchbrüche und Rillen ins Mauerwerk zu schlagen.

9 **Schlagbohrmaschine:** Für Dübellöcher wird eine Bohrmaschine mit Schlagwerk benötigt. Bessere Geräte können auch als Schlaghammer zum Meißeln verwendet werden.

10 **Steinbohrer:** Mit speziell geformter Spitze zum Bohren von Dübellöchern in Beton und Mauerwerk.

11 **Holzbohrer:** Die Zentrierspitze sorgt dafür, daß Sie nicht so leicht abrutschen und genau an der vorher markierten Stelle bohren.

12 **Spachtel:** Benötigen Sie, um Mörtel aufzutragen.

13 **Gipsbecher:** Nützlich fürs Mörtelaufrühren.

Werkzeuge für Holzarbeiten

14

15
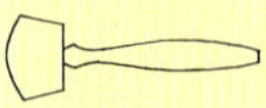

16
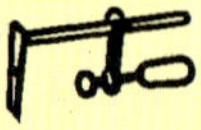

17
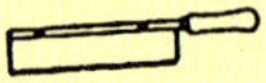

14 **Stechbeitel (Stemmeisen):** Mit dem Stechbeitel arbeiten Sie alle Teile heraus, z.B. für Schließwinkel und Einsteckschlösser in Türen.

15 **Klüpfel:** Diesen Holzhammer benutzen Sie möglichst bei allen Holzarbeiten. Einen gewöhnlichen Hammer nur im Notfall!

16 **Zwingen:** Damit pressen Sie Bauteile fest zusammen.

17 **Feinsäge:** Die Feinsäge benötigen Sie, um sauber Gehrungen zu arbeiten, beim Einsägen von Schlitzen und bei der Ausführung von Zinken.

18

19
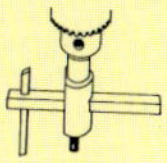
20
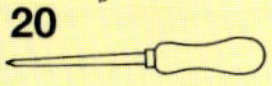

18 Raspel: Mit der Raspel können Sie Unebenheiten abtragen und scharfe Kanten brechen.

19 Kreisschneider: Für große Löcher in Holz, z.B. Zylinderaussparungen, Dosenöffnungen.

20 Stichel: Er dient zum Markieren von Bohrstellen in Holz.

28

29
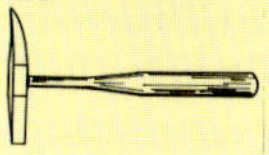

28 Schweißschild: Beim Schweißen müssen Sie die Augen vor der intensiven UV-Strahlung schützen.

29 Schlackhammer: Damit entfernen Sie die beim Elektroschweißen entstehende Schlacke von der Schweißnaht.

Werkzeuge für die Metallbearbeitung

21

22

23

24
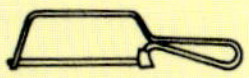
25
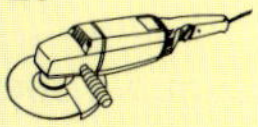
26

27
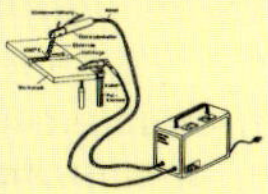

21 Körner: Sie dienen zum Kennzeichnen von Bohrstellen in Metall.

22 Metallbohrer: In der Regel verwendet man HSS-Spiralbohrer, um Bohrungen in Metall zu setzen.

23 Senker: Sie brauchen sie zum Entgraten von Bohrungen sowie für Senkungen (z.B. für Senkkopfschrauben).

24 Bügelsäge: Um Metall zu sägen, benötigen Sie ein Sägeblatt mit feiner Zahnteilung.

25 Winkelschleifmaschine: Diese Maschine dient zum Trenn- und Planschleifen, zum Verschleifen von Schweißnähten und zum Glätten des Werkstücks.

26 Feilen: Mit Feilen glättet man Werkstückflächen. Grobe Feilen verwenden Sie zum Schruppen, feine zum Schlichten. Legen Sie sich ein Feilensortiment mit unterschiedlichen Feilenformen zu.

27 Elektroschweißgerät: Das Lichtbogenhandschweißen ist gut geeignet, um dickere Baustähle zu verbinden. Damit Sie gute Ergebnisse erzielen, ist ein Schweißtrafo notwendig, an dem die Stromstärke regulierbar ist.

Werkzeuge für Elektroarbeiten

30
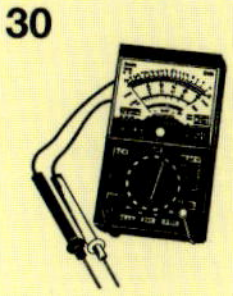
31

32
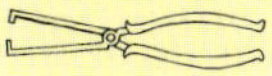
33
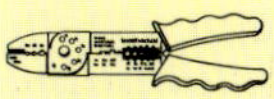
34
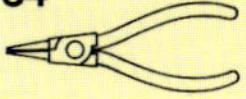
35
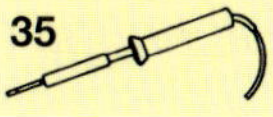

30 Universal-Multimeter: Wird zur Spannungs- und Strommessung an elektrischen Teilen und vor allem als Durchgangsmesser mit dem Ohmbereich des Meßgeräts verwendet. Es ist ein unentbehrlicher Helfer bei der Fehlersuche.

31 Phasenprüfer: Um festzustellen, ob eine 220-V-Spannung in Ihrem Gerät oder an der Steckdose anliegt, benötigen Sie einen Spannungs-, auch Strompüfer genannt. Er besteht aus einem Schraubenzieher mit einem integrierten Glimmlämpchen, das aufleuchtet, wenn der Gegenstand unter Spannung steht.

32 Abisolierzange: Mit der Abisolierzange entfernen Sie die Kunststoffummantelung von Kabeln, ohne daß diese durchgezwickt werden.

33 Quetschzange: Alle Quetschverbindungen von Kabelschuhen und Steckverbindungen stellen Sie mit der Quetschzange her.

34 Telefonzange: Sie hat besonders lange Greifer, womit auch schlecht zugängliche Stellen leicht erreicht werden können.

35 Elektrischer Lötkolben: Mit ihm werden Lötverbindungen hergestellt.

Montieren und Befestigen

Die beste Absicherung ist nutzlos, wenn sie nicht fachmännisch montiert wurde. Denn nur, wenn die Befestigungen solide im Mauerwerk verankert sind, ist die Absicherung wirksam. Richtig montieren und befestigen müssen Sie z.B. beim:

- Verankern des Tür- oder Fenstertockes im Mauerwerk,
- Andübeln einer Halterung oder Beleuchtung,
- Einbetonieren eines Gitters,
- Einbauen eines Tresors.

Aushauen

Schmale Rillen unter Putz oder kleinere Befestigungslöcher im Mauerwerk können Sie ohne großen Kraftaufwand ausmeißeln. Nehmen Sie Hammer und Meißel zur Hand und stemmen Sie schrittweise den Ausbruch aus. Hammer und Meißel sollten stets im guten Zustand sein und keinesfalls einen Grat aufweisen.

Sicherheitstip

Werkzeuge müssen stets im einwandfreien Zustand sein. Eine davonfliegende Hammerfinne oder der Grat des Meißels können schmerzhafte Verletzungen verursachen.

Eine größere Öffnung in Beton zu stemmen, kann hingegen mühsam sein. Ein Schlaghammer erspart Ihnen da schon einige Schwielen an den Händen. Gehen Sie beim Aushauen von verschiedenen Seiten stückweise vor und achten Sie darauf, daß sich der Meißel nicht verklemmt.

Ausfräsen

Schalterdosenöffnungen für Unterputzschalter, Steckdosen und Verteilerdosen werden mit einem Dosenbohrer scharfkantig in die Wand gebohrt. Dies geschieht einfach und schnell. Mit dem Rillenkratzer oder Mauerfräser lassen sich Leitungsschlitze ohne zeitraubende Stemmarbeiten und ohne großen Arbeitsaufwand herstellen. Diese Schlitze sparen Sie am zweckmäßigsten beim Neubau beim Hochziehen der Wände aus. Kleinere Schlitze, z.B. für die Stromversorgung, können Sie auch nachträglich mit dem Rillenkratzer herstellen.

Betonieren

Beton ist ein sehr beliebter und häufig eingesetzter Baustoff. Die Qualität des Betons hängt entschieden von dem richtigen Mischungsverhältnis zwischen Zement und Sand ab. Zementmörtel z.B. enthält 1 Teil Zement und 3 Teile Sand. Im Handel gibt es den sogenannten Fixzement zu kaufen, der ohne Zusatz verwendet wird und schon in wenigen Minuten aushärtet. Lassen Sie den Beton völlig aushärten (Fixzement etwa 1/2 Stunde, Zementmörtel 30 Stunden).

Ausfugen

Risse und Fugen lassen sich mit Dichtmasse mühelos ausfüllen. Mit diesen plastoelastischen Dichtstoffen können Sie nahezu alle Materialien verbinden und abdichten. Wichtig sind vor allem feste, saubere und fettfreie Haftflächen. Legen Sie die Kartusche in die Ausspreßpistole ein und spritzen Sie die Fuge glatt aus. Danach glätten Sie die Dichtmasse mit einem angefeuchteten Spachtel. Den Fugenrand egalisieren Sie mit dem Finger. Nach etwa 4-10 Stunden ist die Dichtmasse ausgehärtet.

Markieren

Markierungen am Mauerwerk bringt man mit einem speziellen Mauerbleistift an. Wichtige Hilfsmittel sind dabei der Meterstab und die Wasserwaage. Bedenken Sie aber, daß man sich häufig nach den örtlichen Gegebenheiten richten muß. Ein Gitter für ein schiefes Fenster können Sie natürlich nicht exakt »ins Wasser« setzen.

Schlagbohren

Sie können Löcher ins Mauerwerk nur mit einer Schlagbohrmaschine oder besser noch mit einem Bohrhammer bohren. Dazu benötigen Sie noch geeignete Steinbohrer. Diese gibt es in verschiedenen Größen und Längen. Sie haben eine spezielle Schneide und sind spiralförmig, wodurch beim Bohren das Mauerwerk zerschlagen und der Staub aus der Wand nach hinten abgeführt wird.
Wenn Sie einen Dübel setzen wollen, müssen Sie genau die richtige Tiefe in die Mauer bohren. Benutzen Sie dafür den Tiefenanschlag der Maschine. Zur Not geht aber auch eine Klebebandmarkierung am Bohrer.

Verschrauben

Benutzen Sie beim Schrauben immer das passende Montagewerkzeug wie Schlüsselsätze, Gabelschlüssel oder Schraubendreher.

Sicherheitstip

Halten Sie das Montagewerkzeug immer sicher und fest in der Hand. Ein Abrutschen führt schnell zu Verletzungen der Hände.

Schrauben können Sie ganz einfach gegen Lösen sichern, indem Sie den Schraubenkopf verschleifen oder einem Sechskantkopf die Ecken nehmen.

Dies ist bei Außenverschraubungen von Gittern und Rosten sehr wichtig, da sonst die sorgfältig eingebaute Sicherung wieder ausgebaut werden könnte.

Dübeln

Verwenden Sie beim Andübeln immer geeignete Dübel. Die Auswahl des richtigen Dübels hängt von der Belastung, der Häufigkeit der Lastwechsel und in erster Linie von der Beschaffenheit des Mauerwerkes ab.

So gibt es die unterschiedlichsten Dübelformen für Hohlwände, Decken, Ziegel und Beton. Bei ganz schlechtem Mauerwerk müssen Klebedübel verwendet werden.

Markieren

Schlagbohren

Dübeln

Elektrik

Elektrische und elektronische Systeme entsprechen bei richtiger Montage einem sehr hohen Sicherheitsstandard. Vertrauen Sie den Anschluß von Beleuchtung, Alarmgebern, Verteilern und der Zentrale an das Stromnetz einem qualifizierten Elektriker an, wenn Sie nicht so versiert sind. Für die Installationen elektrischer Anlagen gelten umfangreiche Sicherheitsbestimmungen. Im Zweifel sollten Sie auch hier die Arbeit lieber einem Fachmann überlassen. Vorsicht ist dort geboten, wo Netzspannung vorliegt.

Sicherheitstip
Ein defekter Phasenprüfer ist lebensgefährlich und deshalb sofort zu entsorgen.

Kenntnisse der Elektrotechnik benötigen Sie z.B. bei:

- Installationen von elektrischen Bauteilen (Beleuchtungen, Sirenen, Kameras, Meldern und Sensoren),
- Verlegen von Kabeln und Verdrahten elektrischer Anlagen.

Verlegen von Leitungen

Wenn Sie das Kabelverlegen gleich mit dem Hausbau oder einer Wohnungsrenovierung verbinden, dann können Sie die Leitungen problemlos unter Putz verlegen und an geeigneten Stellen Verteilerdosen anbringen.

Profitip
Kabelverläufe dürfen niemals schräg, sondern müssen immer senkrecht oder waagrecht verlegt werden.

Kabel unter Putz verlegen

Die unter Putz verlegten Leitungen sind am besten gegen Beschädigungen geschützt. Stemmen Sie oder fräsen Sie hierzu eine Rinne in das Mauerwerk, groß genug, daß ein PVC-Rohr mit 12 mm Durchmesser darin Platz hat. Das Kabel schieben Sie nun durch das Leerrohr und befestigen das Rohr mit Nägeln oder Haken. Anschließend verputzen Sie die Rinne wieder.

Kabel auf Putz verlegen

Für die Aufputzmontage sind nur Leitungen geeignet, die gegen mechanische Beschädigungen weitgehend gesichert sind. Zum Befestigen der Leitungen benutzen Sie Schellen. Da diese Leitungsverläufe einfach anzubringen sind, jedoch nicht sehr schön aussehen, wird diese Aufputzmethode vorwiegend in Kellerbereichen und Dachstühlen angewendet.

Kabelkanäle

Eine elegante Lösung für Schwachstromkabel sind Minikanäle. Kabelkanäle sind vor allem für den nachträglichen Einbau einer Alarmanlage geeignet.

Kabelübergänge

Kabelübergänge zwischen Fenstern oder Türen müssen dem ständigen Öffnen und Schließen standhalten. Einen elastischen Kabelübergang können Sie problemlos an Türrahmen und Türblatt aufschrauben.

Verbindungen

In der Elektrotechnik unterscheidet man zwischen lösbaren (Steck- und Klemmverbindungen) und unlösbaren Verbindungen wie Löt-, Kerb- und Quetschverbindungen. Hierbei bedarf es immer einer sorgfältigen Vorbereitung der Leiterenden, um einen einwandfreien elektrischen und mechanischen Anschluß zu gewährleisten. Die Art der Verbindung hängt entscheidend von der Höhe des fließenden Stroms und der angelegten Spannung ab. Für 220-Volt-Wechselstrom-führende Kabel sind daher andere Anschlüsse vorzusehen als für Schwachstrom mit Gleichstrom.

Anschließen des Gerätes

Befestigen Sie nun jede Ader des Zuleitungskabels an ihrem entsprechenden Anschluß: Geräte, die vom Netzstrom versorgt werden, benötigen 200 Volt Wechselstrom: schwarze (braune) Adern = Phase, blaue Adern = Nulleiter (Neutralleiter), grün-gelbe Adern = Erde (PEN).

Alarmanlagen installieren

In der Technik der Alarmanlagen unterscheidet man zwischen zwei Stromkreisprinzipien:

- Arbeitsstromprinzip,
- Ruhestromprinzip.

Während beim Arbeitsstromprinzip erst dann ein Strom zu fließen beginnt, wenn an einer Stelle der Stromkreis geschlossen wird, werden beim Ruhestromprinzip die Leitungen ständig von Strom durchflossen. Beim Unterbrechen dieses Ruhestroms reagiert die Alarmanlagenzentrale auf den Spannungsabfall und löst den Alarm aus. Der gleiche Effekt entsteht, wenn ein Kabel des Alarmsystems durchgeschnitten wird (Sabotage).

Alle Melder einer Anlage werden zu Verteilern geführt und auf bestimmte Linien gelegt. Grundsätzlich sollten nicht mehr als 20 Melder auf eine Reihe geschaltet werden. Messen Sie beim Anschließen jeden Melder für sich sowie die gesamte Linie mit einem Ohmmeter durch.

Verdrahten der Anlage

Jede Einbruchmeldezentrale enthält Anschlußstellen für die verschiedenen Linien (Linie zur Freilandüberwachung, Außenhautüberwachung, Innenraumüberwachung, Überfall- und Sabotagemelder) und die Spannungsversorgung. Alle Kabel sind in die Zentrale einzuführen. Längen Sie die Kabel richtig ab und entisolieren Sie die Ummantelung. Löten Sie nun nach Anschlußplan der Reihe nach alle Kabel an die richtigen Anschlußstellen der Anlage.

Löten ist die gängigste Verbindung in der Elektrotechnik; dadurch werden elektrisch einwandfreie und mechanisch solide Verbindungen hergestellt.

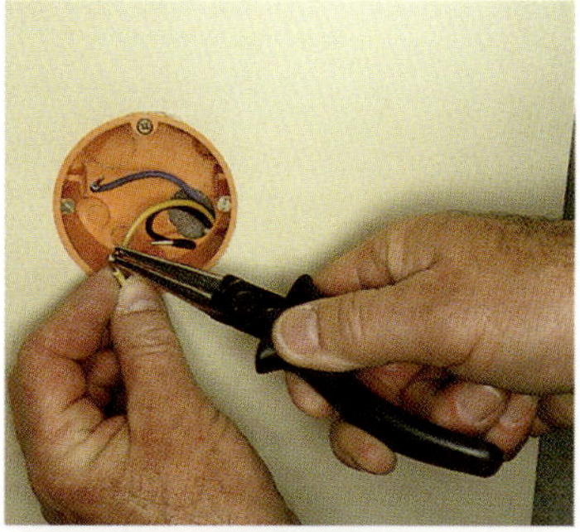

Vorbereiten der Drähte

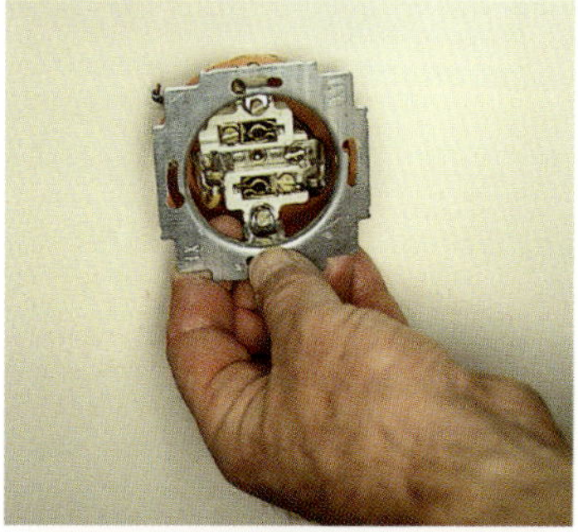

Einpassen der Dose

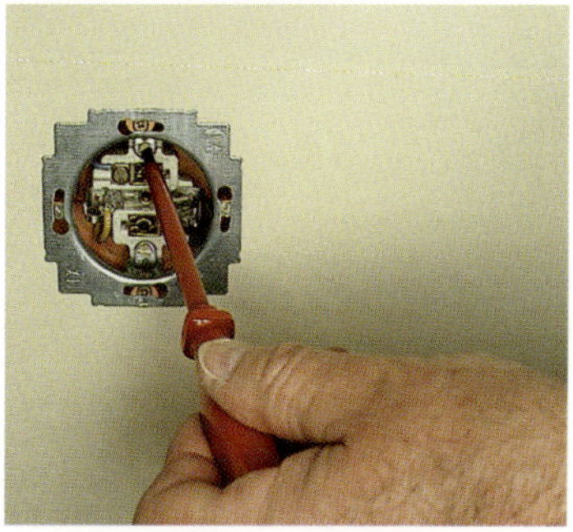

Festschrauben und Prüfen

Holzbearbeitung

Maserung beachten

Ausstechen

Schrauben

In der Regel bestehen Fensterstöcke und Türen aus dem Grundwerkstoff Holz. Außentüren sind meistens aus Hartholz; Zimmertüren dagegen meist nur aus dünnen Sperrholzplatten.

Mit etwas Geschick können Sie die folgenden Arbeiten selbst ausführen:

- Zusatzschloß anbringen,
- Schließwinkel befestigen,
- Sicherheitsbeschlag montieren.

Ausstechen

Stecheisen gibt es in verschiedenen Schnittbreiten und Formen. Sie sind für grobe Ausstemmarbeiten genausogut geeignet wie zum Sauberschneiden. Beim Arbeiten mit dem Stecheisen führt die linke Hand das Eisen und sorgt gleichzeitig für den Gegendruck, um zu vermeiden, daß zuviel Holz weggenommen wird.

Profitip

Beachten Sie immer den Faserverlauf des Holzes. Sie sollten strengstens darauf achten, daß es nicht einreißt.

Sägen

Handsägen gehören ebenso wie Stechbeitel, Stichel und Holzbohrer zu den wichtigsten Werkzeugen. Beim Sägen von Hand führen Sie die Bügelsäge mit kräftigem Druck nach vorne und entlasten den Rückhub. Machen Sie keine hastigen Sägebewegungen. Eine elektrische Stichsäge ist besonders geeignet für Sägearbeiten an dünneren Holzplatten. Achten Sie darauf, daß das Sägeblatt nirgendwo anstößt, es würde sofort abbrechen.

Bohren

Alle Bohrlöcher sind zunächst mit dem Stichel zu markieren. Meist befindet sich bei jeder Montageanleitung eine Bohrschablone, mit der man die Bohrungen mühelos kennzeichnen kann. Bohren Sie in das Holz immer mit speziellen Holzbohrern. Größere Löcher in Holz lassen sich bequem mit einem speziellen Lochfräsaufsatz bewerkstelligen.

Schrauben

Holzschrauben haben spezielle Gewinde, die sich beim Einschrauben selbst in das Holz schneiden. Bei größeren Schrauben muß zunächst mit einem entsprechenden Holzbohrer vorgebohrt werden. Die Größe des Bohrers hängt von der Härte des Holzes ab.

Metallbearbeitung

Metalle spielen in der Sicherheitstechnik eine große Rolle, weil sie gegenüber anderen Werkstoffen die größere Festigkeit aufweisen und damit besten Widerstand gegen äußere Kräfte bieten. Gebräuchlichste Metalle sind Stahl und Messing.

Die nachfolgenden Grundkenntnisse in der Metallbearbeitung brauchen Sie z.B. für:

- Fenstergitter anfertigen,
- Kellerabsicherungen bauen,
- Blechverstärkungen anbringen.

Bohren

Für das Bohren von Metall werden Spiralbohrer in besonderer Qualität benötigt. Der Bohrer muß bis zum Anschlag im Bohrfutter stecken und mittig festgespannt werden.

Profitip
Die Wahl der Drehzahl ist von der Schnittgeschwindigkeit und der Größe der Bohrung abhängig. Es gilt: Je kleiner der Bohrer, desto höher die Drehzahl.

Sägen

Handbügelsägen gehören in das Sortiment eines jeden Heimwerkers. Beim Einspannen des Sägeblattes ist darauf zu achten, daß die Zähne in Stoßrichtung, also nach vorne, zeigen. Die Säge ist mit beiden Händen sicher zu führen; durch entsprechende Körperbewegungen kann der Sägevorgang unterstützt werden. Sägen Sie gleichmäßig.

Schleifen

Schleifmaschinen eignen sich für das Durchtrennen von starken Materialien oder zum Planieren von Metallflächen.

Sicherheitstip
Winkelschleifer, oft Flex genannt, bedürfen einer sorgfältigen Handhabung: Beachten Sie den Funkenflug, tragen Sie eine Schutzbrille und kontrollieren Sie immer, ob die Schleifscheibe intakt ist.

Schweißen

Zu den schwierigeren Arbeiten mit Metall gehört das Schweißen. Als Schweißverfahren bieten sich auch für den Heimwerker an:

- Elektroschweißen,
- Schutzgasschweißen.

Beim Elektroschweißen wird die Schmelzwärme durch einen elektrischen Lichtbogen zwischen dem Werkstück und der Elektrode erzeugt. Es eignet sich besonders für starkwandige Materialien und dickwandige Bleche.

Beim Schutzgasschweißen dient ebenfalls ein elektrischer Lichtbogen zur Erzeugung der nötigen Schmelzwärme. Gleichzeitig führt das Gerät den Schweißdraht kontinuierlich selbst nach und umströmt die Schweißstelle mit Schutzgas. Schutzgasschweißen ist vor allem geeignet zum Schweißen von dünnen Blechen und Rohren. Beim Schweißen muß das zu schweißende Werkstück metallisch blank sein und auf einer nicht entflammbaren Unterlage liegen. Klemmen Sie das Massekabel des Schweißgeräts am Werkstück fest.

Profitip
Entscheidend für die Qualität der Schweißnaht sind beim Elektro- wie auch beim Schutzgasschweißen die richtige Stromstärke, die Geschwindigkeit der Elektrodenbewegung und die Länge des Lichtbogens.

Rostschutz

Stahl muß nach der Bearbeitung unbedingt gegen Korrosion geschützt werden. Am einfachsten verwenden Sie hierfür Rostschutzgrundierung.

Aus dem Zylinder wird eine Schließanlage

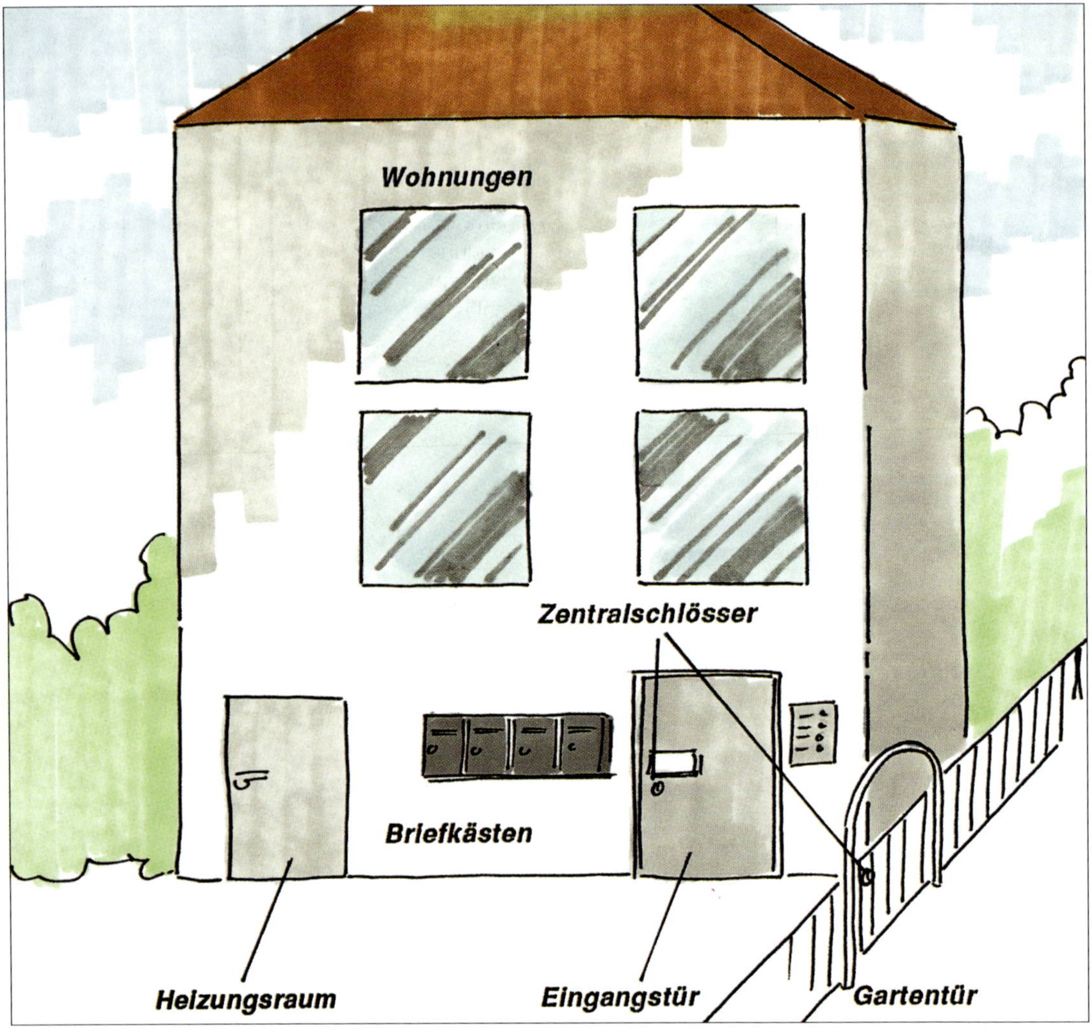

Material
Profilzylinder und Schlüssel.

Werkzeuge

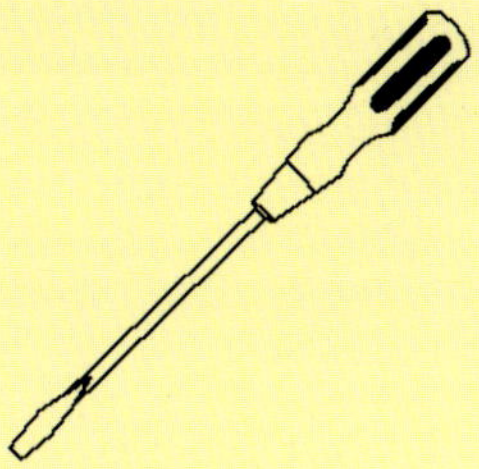

Schwierigkeitsgrad

Kraftaufwand

Arbeitszeit
2 Stunden Planen,
2 Stunden Montage.

Ersparnis
Sie sparen ca. 200 DM.

Unter einer Schließanlage versteht man ein Schließsystem, bei dem mit unterschiedlichen Schlüsseln mehrere Schlösser gesperrt werden können. Bei Haus- und Wohnungstüren verwendet man in der Regel ein Einsteckschloß in Verbindung mit einem Schließzylinder. Die Verriegelung des Schlosses erfolgt dadurch, daß bei Drehung des Schlüssels die Schließnase des Zylinders den Riegel und den Wechsel betätigt.

Der Schließzylinder hat die Aufgabe, ein Sperren und Öffnen nur dem »richtigen« Schlüssel zu ermöglichen. Die Überprüfung des Schlüssels erfolgt durch:

- das Schlüsselprofil,
- die Tiefe der Einschnitte,
- zusätzliche Sperrstifte.

Zylinderschlösser haben einen hohen Sicherheitswert. Ihr Widerstand gegen äußere Gewaltanwendung durch Aufbohren oder Abbrechen ist jedoch gering. Daher muß der Zylinder unbedingt durch einen Sicherheitsbeschlag (möglichst mit Kernziehschutz) geschützt werden. In jedem Fachgeschäft können Sie diese Zylinder in der richtigen Länge, in der richtigen Codierung sowie mit dem richtigen Schlüssel bestellen. Je nach Dicke der Türen benötigt man Zylinder in unterschiedlichen Längen (Dornmaß C).

Funktion des Schließzylinders

Der Zylinderkern ist im Gehäuse drehbar gelagert. Die Sperrlage wird durch Stifte und Federn bewirkt. Beim Schließvorgang müssen alle Einschnitte des Schlüssels mit den Stiften des Kerns so korrespondieren, daß die Trennlinie zwischen ihnen genau mit dem Zylinderkern abschließt. Wird ein falscher Schlüssel verwendet, so verhindern die Stifte das Verdrehen des Kerns und damit das Sperren des Schlosses. Gewöhnliche Profilzylinder besitzen fünf Stifte in unterschiedlicher Abstufung von 0 bis 8. Daraus ergeben sich (theoretisch) 5 hoch 9, also mehr als 1 Mio. unterschiedliche Schließmöglichkeiten.

Bei höherwertigeren Zylindern sorgen neben diesem »traditionellen Sperrsystem« weitere Axialstifte oder seitliche Abtastsperren bis hin zu elektronischen Abfragen für zusätzliche wirksame Sicherheit.

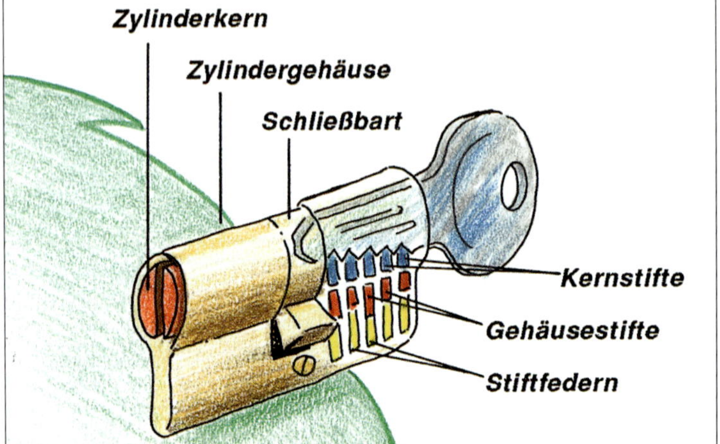

Schließplan:

(eines 4-Familien-Hauses)

Schlüssel \ Schlösser	Haus-meister	Familie 1	Familie 2	Familie 3	Familie 4
Haustür	x	x	x	x	x
Gartentür	x	x	x	x	x
Heizungsraum	x				
Wohnung 1 & Briefkasten		x x			
Wohnung 2 & Briefkasten			x x		
Wohnung 3 & Briefkasten				x x	
Wohnung 4 & Briefkasten					x x

Der Schließplan

Mit dem Schließplan legt man fest, welche Zylinder an welchem Schloß montiert werden und welche Schlüssel wiederum diese Zylinder sperren sollen. Dazu müssen Sie zuerst wissen, wieviele Zylinder benötigt werden und welche Personen bei welcher Tür Zutritt bekommen sollen.

Bei dem vorne abgebildeten Mehrfamilienwohnhaus ist geplant, daß alle Parteien mit ihrem Wohnungsschlüssel gleichzeitig die Eingangs- und Gartentür sperren können. Die Wohnbereiche und Briefkästen dürfen nur von den jeweiligen Familien aufgeschlossen werden. Der Hausmeister darf zum Schutz der Privatsphäre keinen »Generalschlüssel« besitzen. Für ihn sind alle Außentüren und der Heizungsraum zugänglich.

Profitip

Entwerfen Sie also einen Plan, in dem Sie jedem Zylinder und jedem Schlüssel eine Bezeichnung zuordnen, ähnlich wie nebenstehend abgebildet.

Tüfteln Sie aus, welche Schlüssel welche Schlösser sperren sollen. Je nach Art der Zutrittsberechtigung ergibt sich daraus dann eine Einzelschlüssel-, Zentralschlüssel-, Hauptschlüssel- oder eine Generalhauptschlüsselanlage.

Die Schließanlage

Es handelt sich hier um eine Zentralschließanlage. Das bedeutet: Eingangs- und Gartentür sind Zentralschlösser mit der Bezeichnung Z. Die separaten Bereiche Heizungsraum, Wohnungen und Briefkästen werden mit 0, 1, 2, 3, 4 bezeichnet. Das Angenehme einer Zentralschließanlage ist, daß jeder Bewohner nur einen einzigen Schlüssel zum Sperren der Außen- und der Privatbereiche benötigt. Für diesen Schlüssel können im Bedarfsfall auch zusätzliche Zylinder angefertigt werden.

Profitip

Sorgen sie dafür, daß niemand unberechtigt einen Schlüssel nachmachen kann. Achten Sie darauf, daß die Schließanlage rechtlich geschützt ist; d.h. Schlüssel sowie Zylinder dürfen nur gegen Vorlage des gültigen Sicherungsscheins ausgegeben werden.

Die Montage des Zylinders

Bevor Sie beginnen, die einzelnen Zylinder zu montieren und die einzelnen Schlüssel zu verteilen, überprüfen Sie zunächst ihre Richtigkeit.

1 Genau nach Plan gehen Sie nun von Schloß zu Schloß und montieren dort die richtigen Zylinder. Ein Schließzylinder läßt sich nur dort montieren, wo auch ein entsprechendes Schloß vorhanden ist. Alle »Bundbartschlösser« müssen ausgewechselt werden.

2 Den Zylinder führen Sie in die Tür ein, indem Sie den Schlüssel um etwa 45 Grad verdrehen, so daß die Nase des Schließzylinders genau nach unten zeigt.

3 Der Zylinder im Schloß wird mit einer langen Zylinderschraube befestigt. Schließlich werden alle Teile des Schlosses überprüft.

1

2

3

Der Sicherheitsbeschlag schützt das Schloß

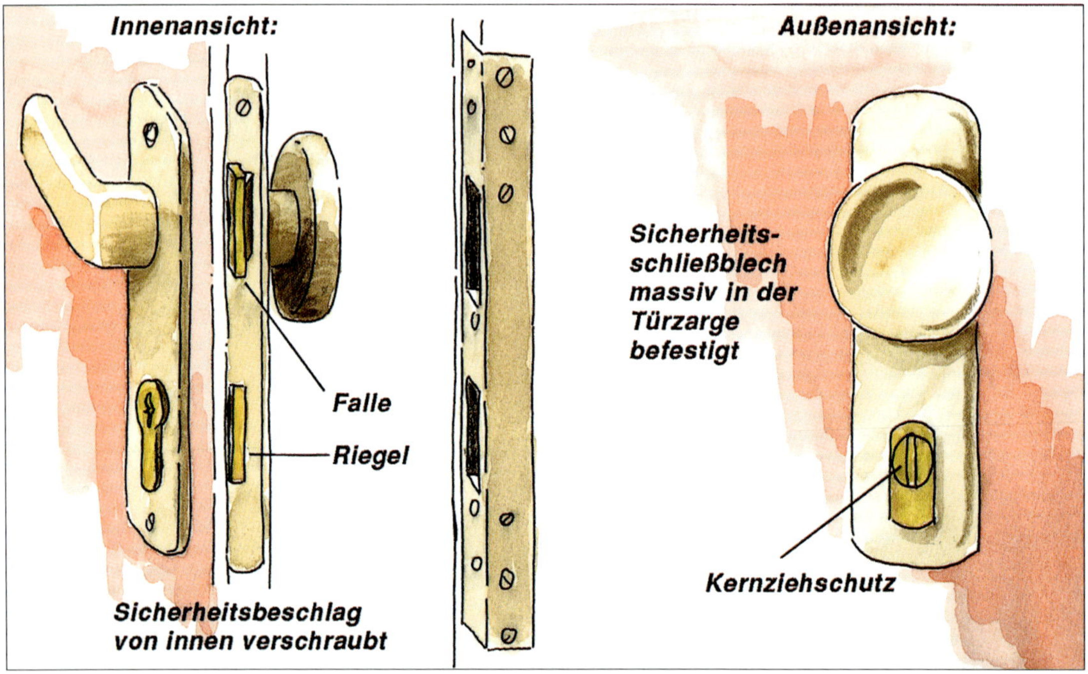

Jedes Schloß, auch das raffinierteste, erfüllt nur dann seinen Zweck, wenn es auch gegen Gewaltanwendung Widerstand leistet. Ein massiver Sicherheitsbeschlag schützt den Zylinder. Ein starkes Schließblech garantiert, daß die Verriegelung einen festen Halt im Türstock findet. Selbst ein »normaler« Haushalt sollte zumindest alle Außentüren durch ein ordentliches Schloß, einen Sicherheitsbeschlag und auch durch ein Sicherheitsschließblech gesichert haben.

In dieser Arbeitsanleitung geht es »nur« um die Montage des Sicherheitsbeschlages. Es wird vorausgesetzt, daß bereits ein Einsteckschloß samt Schließzylinder in der Tür vorhanden ist.

Beim Einkauf eines Sicherheitsbeschlages ist die Dicke des Beschlages auf die Länge des Zylinders abzustimmen. Es ist das Dornmaß Ihrer Tür (Abstand C) zu ermitteln.

1 Der erste Schritt der Montage ist die Kennzeichnung der Bohrungen an Ihrer Tür, durch welche das Innen- und Außenschild mit-

Material
Sicherheitsbeschlag, Profilzylinder.

Werkzeuge

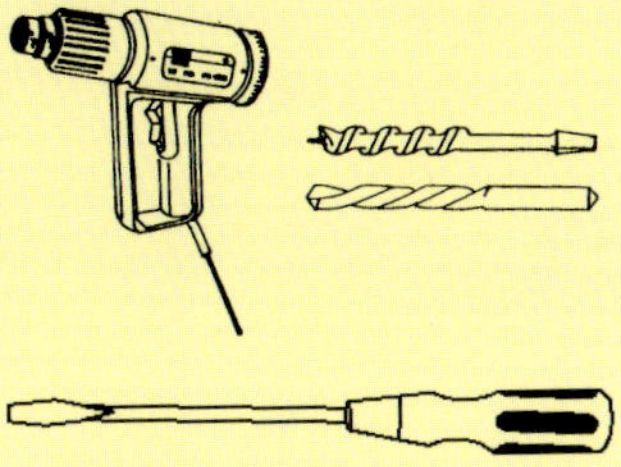

Schwierigkeitsgrad

1 (Skala 0–3)

Kraftaufwand

1 (Skala 0–3)

Arbeitszeit
Rechnen Sie etwa 1 Stunde Montagezeit.

Ersparnis
Durch Eigenleistung sparen Sie etwa 80 DM.

einander verschraubt werden. Bohren Sie die Löcher ruhig etwas größer als unbedingt notwendig auf. So vermeiden Sie, daß sich der Beschlag beim Festschrauben verspannt und die Funktion des Schlosses hemmt.

Profitip
Ein Sicherheitsbeschlag darf nur von innen abschraubbar sein und sollte möglichst auch mit einem »Kernziehschutz« ausgerüstet sein, damit er auch den professionellen Einbruchmethoden standhält.

2 Das Türaußenschild enthält zusätzlich einen Kernziehschutz. Dieser besteht aus einer drehbar gelagerten Stahlscheibe und schützt dadurch den Zylinder gegen Herausziehen und Aufbohren.

Er ist auf den nach außen herausstehenden Zylinder aufzustecken. Das Außenschild samt Knauf wird darüber gesetzt.

3 Von der Türinnenseite verschrauben Sie nun Außen- und Innenschild. Den Drücker auf der Türinnenseite befestigen Sie direkt an dem nach innen ragenden Rechteckstift.

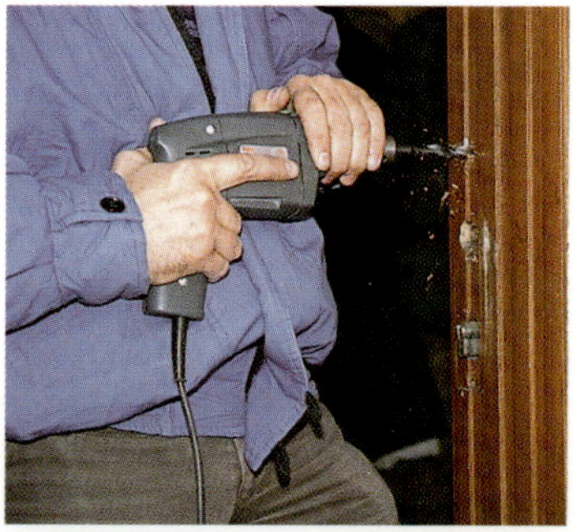

1

2

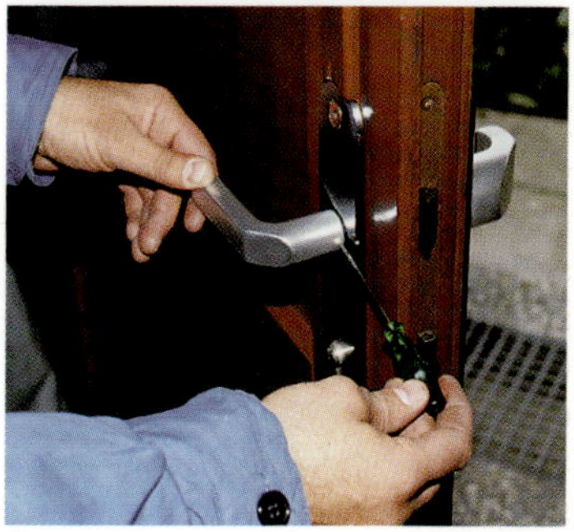

3

Ein fachmännisch montierter Panzerriegel

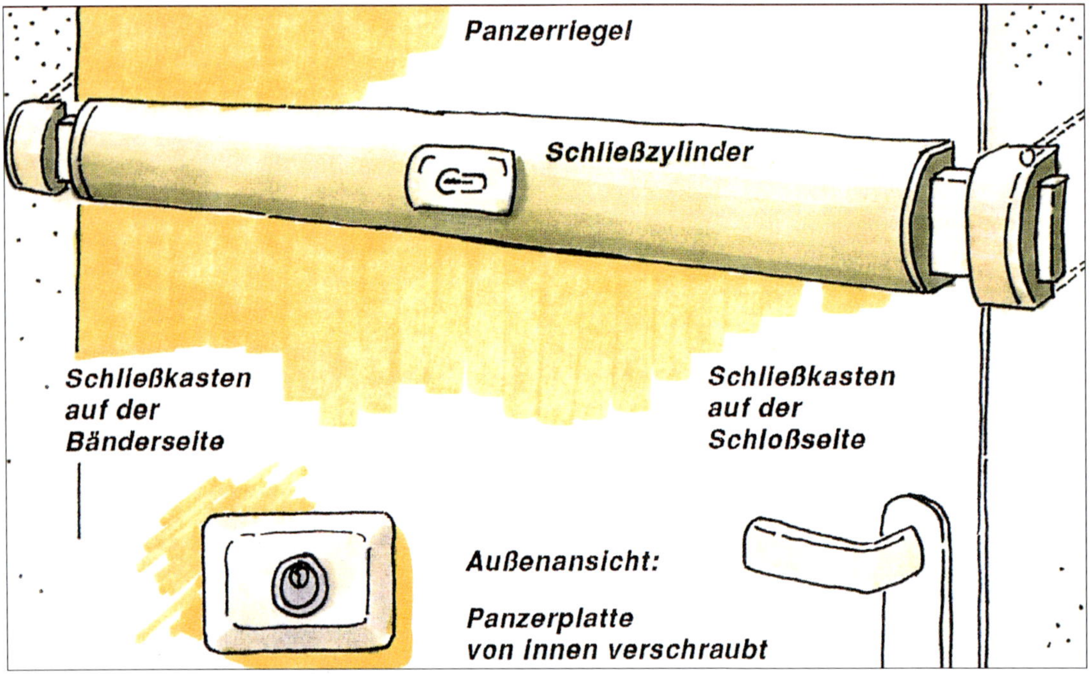

Der Panzerriegel, auch Querriegel genannt, ist ein hervorragender mechanischer Einbruchschutz für Haus- und Wohnungstüren. Massiv aufgebaut, bietet er bei sorgfältig ausgeführter Montage Schutz auf der ganzen Breite der Tür.
Im verschlossenen Zustand greift der Querriegel auf beiden Seiten der Tür in zwei mauerverankerte Schließkästen ein. Den Riegel können Sie sowohl von innen bei Anwesenheit als auch von außen, wenn Sie die Wohnung verlassen, sperren.

Schließriegel

1 Auf der Innenseite der Tür wird der Schließriegel etwa 20 cm oberhalb des Türschlosses zusätzlich angebracht. Halten Sie die Montageschablone an der Türinnenseite bündig zur Türkante und kennzeichnen Sie alle Bohrungen.

2 Bohren Sie alle Befestigungen des Panzerriegels sowie die Befestigungslöcher für die Abdeckplatte des Zylinders.

3 Damit der Schließzylinder durch

Material

1 Panzerriegelschloß, 1 Panzerplatte, 1 verlängerter Schließzylinder.

Werkzeuge

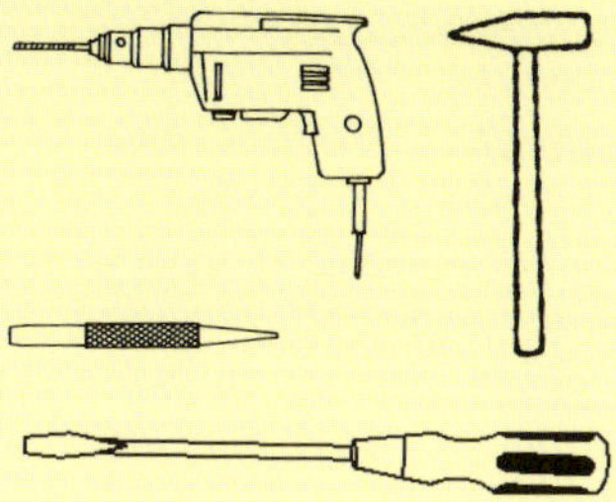

Schwierigkeitsgrad

Kraftaufwand

Arbeitszeit

Sie benötigen ungefähr 1,5 Stunden.

Ersparnis

Durch Eigenleistung sparen Sie etwa 70 DM ein.

die Tür durchgesteckt werden kann, muß eine entsprechende Aussparung herausgearbeitet werden.

Profitip

Die Verriegelung muß zu Beginn der Montage in die richtige Stellung gebracht und auf die passende Länge eingestellt werden.

4 Nachdem Sie alle Bohrungen an der Tür durchgeführt haben, befestigen Sie zunächst provisorisch den Panzerriegel.

Panzerplatte

5 Der Panzerriegel kann auch von außen über einen Schließzylinder betätigt werden. Die Panzerplatte deckt von außen den Zylinder ab und schützt ihn vor gewaltsamen Öffnungsversuchen. Die Platte richten Sie auf der Außenseite der Tür ein und verschrauben sie von der Innenseite. Schließlich verschrauben Sie den kompletten Querriegel.

Profitip

Beachten Sie, daß zwischen der Verriegelung, dem Zylinder und der Abdeckplatte keine Verspannungen auftreten.

1

2

3

4

6 Die Schließkästen müssen fest mit dem Mauerwerk verdübelt werden. Nachdem Sie die Riegellänge richtig eingestellt haben, sperren Sie das Schloß und markieren die Positionen der Schließkästen. Die Schließkästen müssen gewöhnlich durch Distanzplatten so weit unterlegt werden, daß die Riegel auf beiden Seiten problemlos einschließen.

5

7

6

8

7 Bohren Sie die Dübellöcher mit dem entsprechenden Steinbohrer auf die Tiefe der Dübel. Wenn Sie mit einem Staubsauger den entstehenden Bohrstaub gleich absaugen, haben Sie später weniger Putzarbeit.

Profitip
Die Schließkästen müssen einen festen Halt im Mauerwerk bekommen. Nur dann erfüllt der Panzerriegel auch seinen Zweck.

In vielen Fällen besteht aber keine Möglichkeit, die Schließkästen wie hier am Mauerwerk andübeln zu können. Hier sind anstelle der Schließkästen Büchsen zu verwenden, die in die Mauer eingelassen werden. Prüfen Sie schließlich die einwandfreie Funktion des Panzerriegelschlosses.

Profitip
Die meisten Schließstörungen können Sie dadurch beheben, daß Sie hier und dort geeignete Beilagen verwenden.

8 Damit der Panzerriegel nicht ganz so wuchtig wirkt, setzen Sie die Abdeckkappen über den Riegel und über die Schließkästen.

Die Fenstersicherung schützt vor Einsteigern

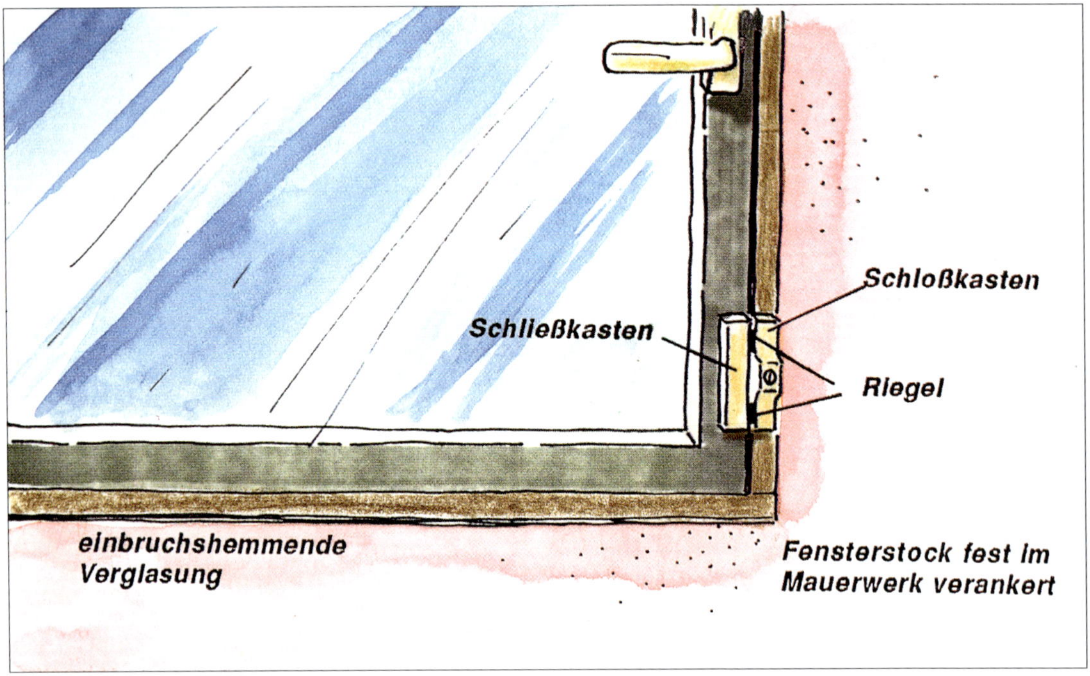

Die abschließbare Fenstersicherung ist geeignet für alle nach innen zu öffnenden Fenster und Glastüren, aber auch für Schiebe- und Hebetüren. Diese Absicherung ist nicht ganz so sicher wie ein massives Gitter und daher nicht an »extrem einbruchgefährdeten« Stellen geeignet, weil das Fenster zwar gegen gewaltsames Öffnen, nicht aber gegen Einschlagen der Scheibe geschützt ist. Wenn allerdings davon ausgegangen werden kann, daß die Geräuschverursachung des Einschlagens einer Scheibe von den Nachbarn bemerkt werden würde, so ist diese Fenstersicherung eine wirkungsvolle und leicht zu montierende Sicherungsmaßnahme. Das Schloß wird auf der Fensterinnenseite am Rahmen befestigt und zwar immer so weit wie möglich vom Drehpunkt des Fensters entfernt.

1 Beginnen Sie damit, den Schloßkasten bündig an die Fensterkante anzuhalten und die Bohrungen zu kennzeichnen. Die Größe der Bohrungen richtet sich nach dem Material des Fenster-

Material
Pro Fenster 1 absperrbare Fenstersicherung (bei großen Fenstern müssen 2 Sicherungen angebracht werden: eine oben, eine unten).

Werkzeuge

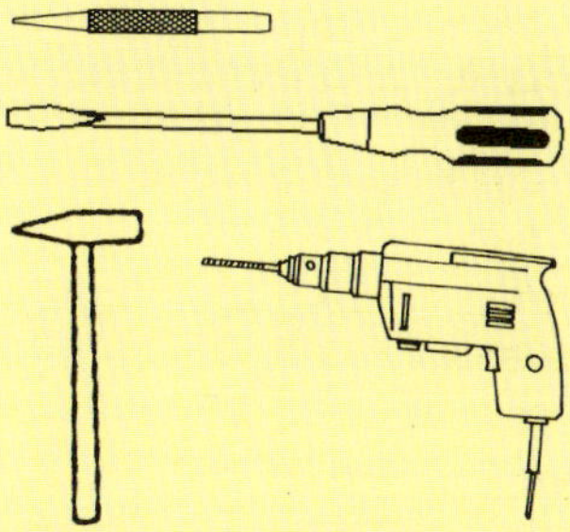

Schwierigkeitsgrad

Kraftaufwand

Arbeitszeit
2 Stunden Planen, 2 Stunden Montage.

Ersparnis
Sie sparen etwa 20 DM pro Fenster.

stocks (Aluminium, Hartholz oder Weichholz).

Profitip
Achten Sie darauf, daß Sie den Fensterstock nicht ganz durchbohren, damit auf der Fensteraußenseite keine häßlichen Löcher entstehen, d.h. markieren Sie vorher die Bohrtiefe.

Schrauben Sie als erstes die Unterlage des Schloßkastens mit den entsprechenden Beilagen zum Höhenausgleich zwischen Fensterstock und Flügel an.

2 Verschrauben Sie nun den Schloßkasten auf der Unterlage.

3 Auf der selben Höhe des Schloßkastens halten Sie den Schließkasten des montierten Schlosses mit ca. 2 - 4 mm »Luft« und markieren die Bohrungen.
Verschrauben Sie schließlich den Schließkasten am Fensterflügel. Zur optischen Verschönerung verkleiden Sie die Fenstersicherungen mit den mitgelieferten Abdeckblechen. Prüfen Sie schließlich die Funktion; die Riegel müssen in die Einschließung reibungslos eingreifen.

1

2

3

Ein Fenstergitter - schön und sicher

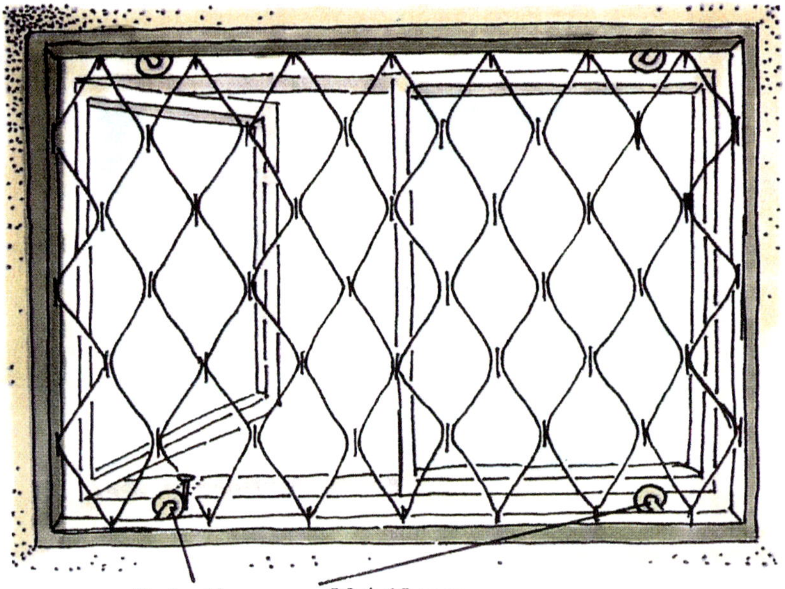

Massiv ausgeführte und richtig angebrachte Fenstergitter sind der wirksamste Schutz gegen Einbruch, denn sie schützen Glas und Rahmen. Wer im Umgang mit Metall geübt ist, das Schweißen beherrscht und womöglich auch Zugang zu einem Schmiedefeuer hat, kann sich ein Fenstergitter leicht selber anfertigen.

Auf jeden Fall muß das Fenstergitter folgenden Anforderungen genügen: Die Gitterstäbe müssen massiv ausgeführt sein. Die Abstände zwischen den Stäben dürfen nicht mehr als 120 mm betragen. Die Verankerung im Mauerwerk muß stabil genug sein und darf von außen nicht zu lösen sein.

Eine Zeichnung muß alle notwendigen Angaben enthalten.

1 Folgende Arbeitsgänge laufen nacheinander ab: Zuschneiden

Profitip

Fertigen Sie von jedem Fenster, an das Sie ein Gitter montieren wollen, eine Zeichnung an, auf der Sie die lichte Weite des Fensters, die Möglichkeiten der Verankerungen und alle spezifischen Besonderheiten eintragen.

Material
4 Flacheisen 40 x 12 mm verschiedener Länge, 8 Stäbe 20 x 12 mm, 4 Bolzen 80 x 120 mm, Kugeln und Kugelnieten, Farbe.

Werkzeuge

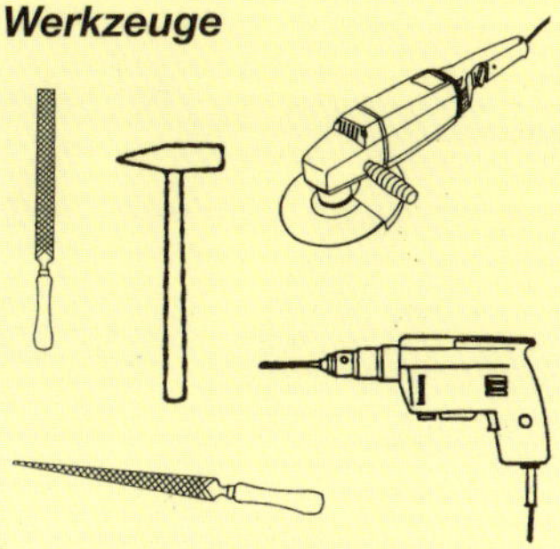

Schwierigkeitsgrad

Kraftaufwand

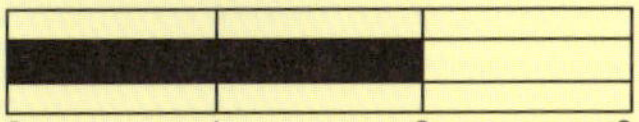

Arbeitszeit
5 Stunden Bau,
1 Stunde Montage.

Ersparnis
Ein Gitter ist nicht billig.
Sie sparen 400 DM.

und Formen des Materials, Verschweißen und Verschleifen der Gitterkonstruktion und Auftragen des Rostschutzes.

Montage des Fenstergitters

2 Passen Sie das Gitter in den Fensterstock ein und markieren Sie die Befestigungsstellen. Bohren Sie die Befestigungslöcher in den Fensterstock. Achten Sie bitte darauf, daß Sie nicht ganz bis innen durchbohren. Wenn Sie die Markierungen und Bohrungen genau vorgenommen haben, passen die Zapfen des Gitters exakt in das Fenster.

3 Das Gitter wird nun von außen auf das Fenster aufgesteckt. Die Befestigungsschrauben sind bei geschlossenem Fenster völlig abgedeckt, gleichzeitig besteht die Möglichkeit, das Gitter von innen auch wieder entfernen zu können.

Profitip
Damit das Gitter von außen nicht abmontiert werden kann, empfiehlt es sich, senkrecht durch Holz und Befestigungszapfen zu bohren und durch diese Bohrungen eine Holzschraube einzudrehen.

1

2

3

Die massive Kellerschachtabdeckung

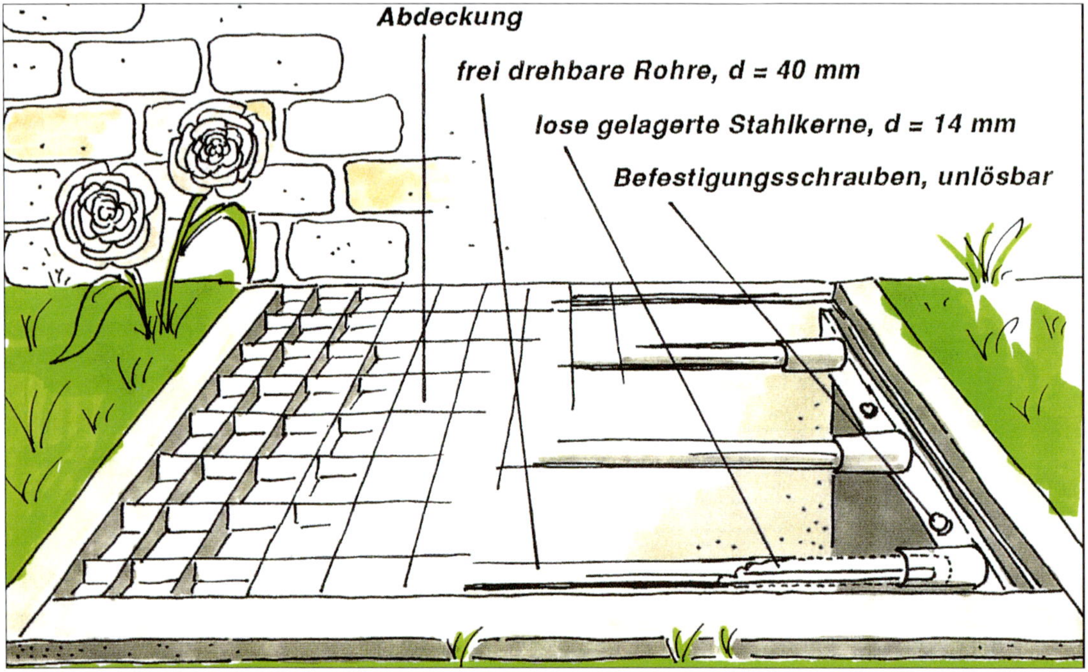

Keller- und Lichtschächte bieten für Einbrecher eine günstige Gelegenheit, ungestört in Ihr Haus einzudringen. Hier werden sie von niemandem gesehen, und verursachte Geräusche bleiben meist unbeachtet. Eine sinnvolle Möglichkeit, diese Schächte oder auch Lichtkuppeln abzusichern, sind Rollenrohrgitter. Ihr Sicherungseffekt ist deshalb sehr hoch, weil sie aus Rohren und Stäben bestehen, die ineinander stecken und lose gelagert sind, wodurch ein Durchsägen erheblich erschwert wird.

Sollten Sie diese Gitter selbst fertigen wollen, ist folgendes zu beachten: Der Abstand zwischen den Rohren muß so klein sein, daß auch ein Durchklettern einer schmalen Person unmöglich wird. Die Rohre und die darin befindlichen Stäbe müssen massiv ausgeführt und frei drehbar sein. Ermitteln Sie die genauen Maße

Profitip

Sie sollten unbedingt darauf achten, daß die Befestigungen des Rostes nicht mit gewöhnlichem Werkzeug zu lösen sind.

Material

2 Flacheisen 40 x 12 mm, 6 Rohrstutzen Ø 50 mm, 3 Rohre Ø 40 mm, 3 Stäbe Ø 14 mm. Die Längenmaße bestimmen Sie selbst. 8 Metalldübel und Schrauben.

Werkzeuge

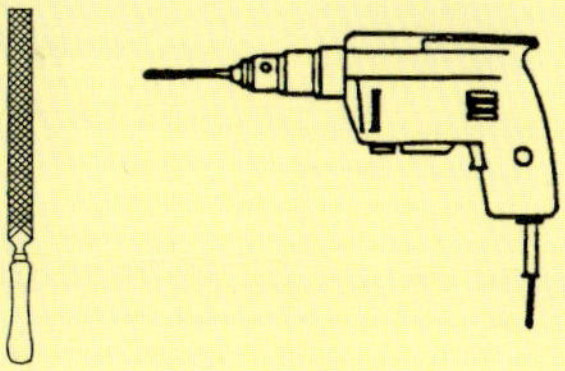

Schwierigkeitsgrad

Kraftaufwand

Arbeitszeit

Planen Sie 2 Stunden für die Anfertigung und 1 Stunde für die Montage eines Rollenrostes ein.

Ersparnis

Pro Kellerschachtsicherung sparen Sie durch Ihre Eigenleistung etwa 150 DM.

des Schachtes und konstruieren Sie daraus das Gitter. Bei der Sicherung sind folgende Arbeiten zu erledigen: Zuschneiden des Materials, Verschweißen, Verschleifen und gründlich Rostschutz auftragen.

1 Richten Sie die Flacheisen mit den aufgeschweißten Rohrstutzen mittig und auf gleicher Höhe im Lichtschacht ein. Mit Hilfe einer Wasserwaage markieren Sie auf beiden Seiten des Schachtes die Befestigungsbohrungen.

2 Bohren Sie mit einer Schlagbohrmaschine mit Tiefenanschlag die Befestigungslöcher. Verwenden Sie Metalldübel, sie haben einen sehr guten Halt im Beton. Montieren Sie zunächst an einer Seite des Schachtes die Befestigungsflacheisen. Danach stecken Sie die Rohre und Stäbe und die andere Befestigungsseite zusammen und montieren die komplette Absicherung.

3 Die Schrauben dürfen nicht mehr von außen zu lösen sein. Verwenden Sie z.B. Innensechskantschrauben, die Sie einfach aufbohren. Damit ist die Kellerschachtsicherung fertig.

1

2

3

Der Tresor für die Wertsachen

Material
1 Tresor, 2 Dübel extra lang, Sechskantschrauben.

Werkzeuge

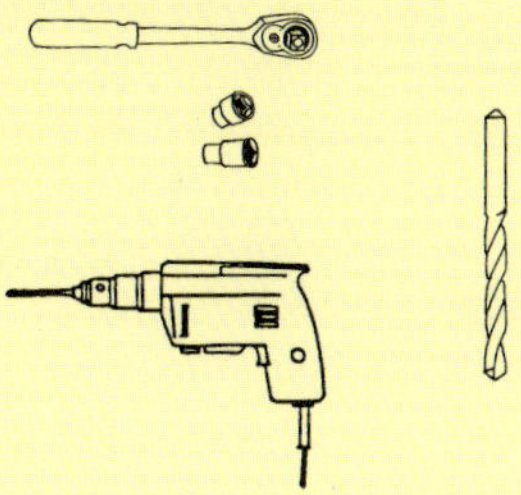

Schwierigkeitsgrad

Kraftaufwand

Arbeitszeit
Die Montage dauert nicht länger als 1 Stunde.

Ersparnis
Durch Ihre Eigenleistung sparen Sie 100 DM ein.

Tresore schützen Ihre Wertsachen nicht nur vor Einbrechern, sondern auch vor Feuer. In der Regel haben alle Tresore automatisch auch eine Feuerschutzisolierung. Wenn Sie darin aber wichtige Papiere und Dokumente aufbewahren wollen, sollte der Tresor zusätzlich die ausdrückliche Klassifizierung F (feuergeschützt) aufweisen.

Außerdem können Tresore so konzipiert sein, daß der Innenraum gegen Luftfeuchtigkeit abgedichtet und gegen die Einwirkung von Magnetfeldern geschützt ist; dies ist vor allem bei der Aufbewahrung von Datenträgern (Magnetbändern und Disketten) wichtig. Zu beachten sind im besonderen die versicherungsrechtlichen Bestimmungen, die bestimmte Anforderungen an Art, Gewicht und Einbau des Tresores stellen. Lassen Sie sich in diesen Punkten von einem Sicherheitsfachgeschäft beraten. Folgende Punkte spielen eine besondere Rolle:

Aufbruchschutz

Hierbei geht es um den Widerstand, den der Tresor gegen Öffnungsversuche leistet. Je höherwertiger der Tresor, desto stärker

1

2

3

4

5

6

wehrt er Angriffe mit mechanischen und thermischen Einbruchwerkzeugen (Brecheisen, Flex, Brennschneider) ab.

Verschluß

Tresore weisen ein extrem stark dimensioniertes Riegelwerk auf. Rundstahlbolzen verriegeln die Tür nach wenigstens drei Seiten. Der Verschluß ist zusätzlich über eine gehärtete und damit aufbohrsichere Metallplatte geschützt.

Verankerung

Jeder Tresor sollte am Boden bzw. an der Wand verankert, d.h. einbetoniert oder angedübelt werden. Das gilt auch für Tresore mit einem Eigengewicht von mehr als 300 kg.

Transport

1 Das größte Problem ist der Transport. Vereinbaren Sie mit dem Lieferanten die Anlieferung »frei Haus«. Damit ist gewöhnlich aber nur die Anlieferung »frei Parterre« gemeint. Treppentransporte erfolgen meist nur gegen Aufgeld.

Einbau des Tresors

2 Der in diesem Beispiel verwendete Tresor wird in eine Schrankwand eingepaßt.

3 Bohren Sie mit einer Schlagbohrmaschine 150 mm tief durch die Tresorwand in den dahinter liegenden Beton.

4 Befestigt wird der Tresor mit langen starken Dübeln und Schrauben. Die Schraubenköpfe liegen im Tresorinneren und sind daher außer Reichweite für den Dieb. Sie erleichtern sich die Montage des Tresors, wenn Sie Durchsteckdübel verwenden.

Profitip

Die Tresorwand muß exakt an der Betonwand anliegen, damit ein Dieb nicht mit einem Sägeblatt dahinter fahren kann, um die Dübelschrauben abzusägen.

Das Zahlenschloß

Der hier gewählte Tresor wird durch ein Zahlenschloß geöffnet. Schlösser dieser Art sind ohne Gewaltanwendung nicht zu überlisten. Ein Zahlenschloß besteht aus drei Scheiben, die über ein kompliziertes Freilaufgetriebe mit der Zahlenscheibe verbunden sind. So wird beim Öffnen des Schlosses viermal links, dreimal rechts, zweimal wieder links (jeweils ganze Umdrehungen) immer eine Scheibe mitgeschleppt. Erst wenn alle Scheiben auf die richtige Position gestellt worden sind, kann die Verlängerung des Riegels mitgeschleppt werden, einrasten und beim Weiterdrehen nach rechts das Schloß geöffnet werden.

Einstellen der Kombination

5 Bei jedem Tresorschloß können Sie Ihre persönlichen Geheimzahlen eingeben. Lesen Sie unbedingt die Bedienungsanleitung sorgfältig durch, bevor Sie das Schloß betätigen oder eine neue Kombination einstellen.

6 Die eingestellte Zahlenkombination dürfen Sie auf keinen Fall vergessen. So sollten Sie die eingestellte Kombination erst einige Male bei geöffnetem Zustand der Tresortür testen. Ist die Tresortür erst einmal geschlossen, ohne daß Sie genau wissen, wie sie wieder geöffnet wird, dann ist es sogar einem Fachmann unmöglich, den Tresor jemals wieder zu öffnen.
Dies ist nur durch fachgerechtes Aufbohren oder durch »Aufflexen« der Tür möglich.

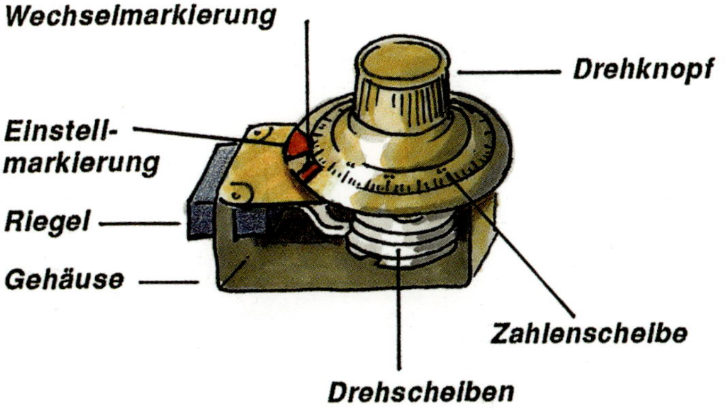

<u>Öffnen des Tresorschlosses:</u>

(Einstellkombination 10 - 20 - 30)

Zahlenscheibe 4 * nach links drehen, dann genau auf die Zahl 10 einstellen

Zahlenscheibe 3 * nach rechts drehen, dann genau auf die Zahl 20 einstellen

Zahlenscheibe 2 * nach links drehen, dann genau auf die Zahl 30 einstellen

Das Schloß wird nun geöffnet, indem die Zahlenscheibe bis zum Anschlag nach rechts gedreht wird

Einbrecher scheuen Licht

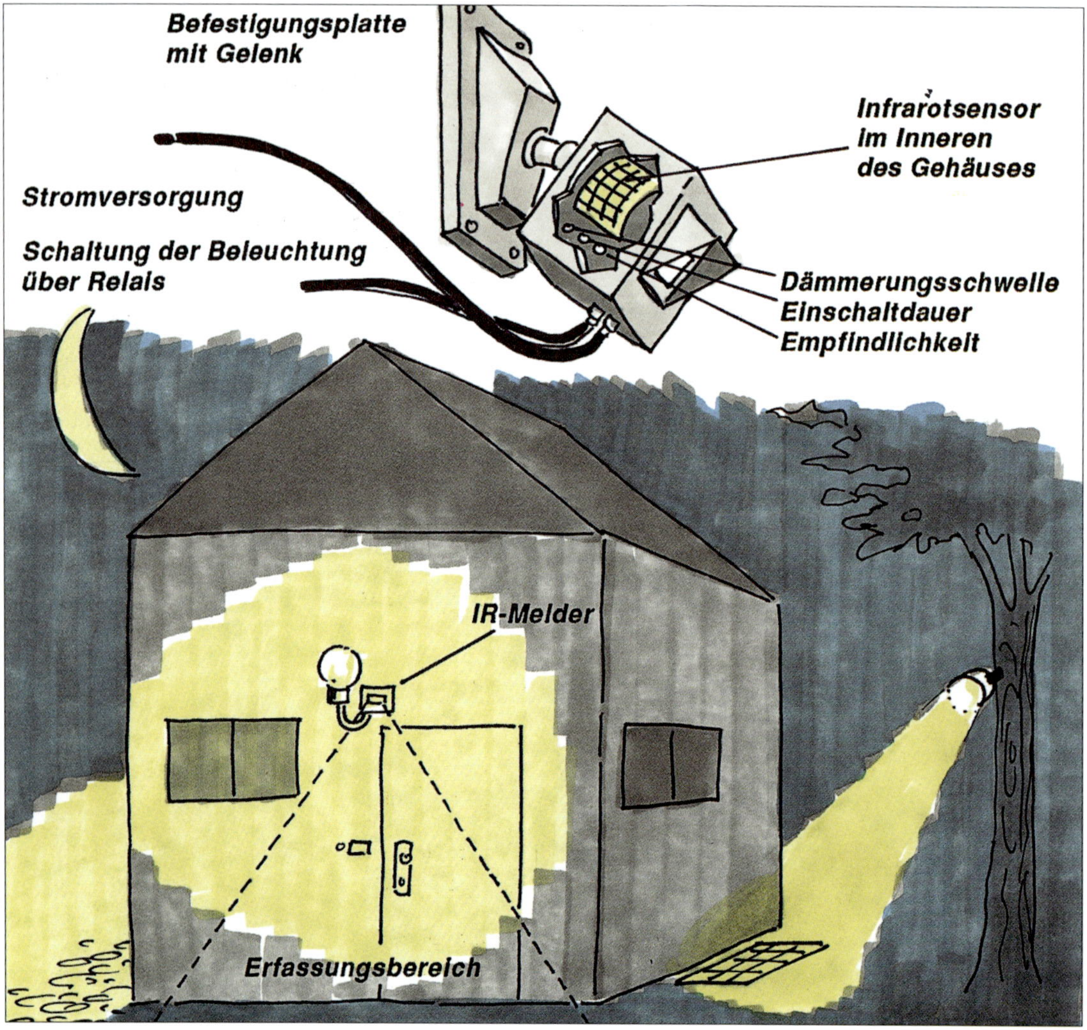

Material

Außenleuchte oder Strahler, Infrarot-Lichtschaltgerät, Kabel für diesen Vorschlag 3 x 1,5 mm Ø NYN (die Anzahl der Adern hängt von der Zahl der Schaltmöglichkeiten ab), Dübel, Schrauben.

Werkzeuge

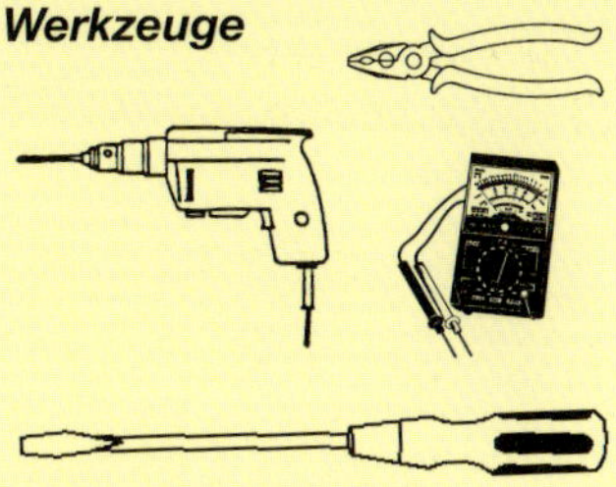

Schwierigkeitsgrad

Kraftaufwand

Arbeitszeit

Nehmen Sie sich 1 Stunde Zeit.

Ersparnis

Durch Ihre eigene Arbeit sparen Sie 200 DM.

Nichts fürchten Einbrecher mehr als plötzlich im »Rampenlicht« zu stehen! Deswegen sollten Sie sich nachts mit automatischen Lichtschaltsystemen helfen. Ungebetene Besucher stehen, ob sie es wollen oder nicht, immer voll im Licht. Hilfreich sind diese Anlagen zudem, weil sich das Licht immer dann einschaltet, wenn Sie es brauchen. Gehwege, Eingangsbereiche und Garagenzufahrten werden automatisch beleuchtet - die lästige Suche nach dem Lichtschalter entfällt.

In diesem Arbeitsbeispiel wird eine Außenbeleuchtung für den Eingangsbereich eines Hauses montiert. Dazu brauchen Sie nicht mehr als einen Beleuchtungskörper, ein Lichtschaltgerät und ein Kabel für die elektrischen Verbindungen. Die einzelnen Komponenten können Sie als Bausatz beziehen oder sich im Fachgeschäft Ihren Anforderungen entsprechend zusammenstellen.

Das Lichtschaltgerät ist ein passives Erfassungsgerät, das auf Infrarotbasis funktioniert. Es reagiert auf Bewegung von Wärme im Überwachungsbereich.

Der Schalter besteht aus einem kleinen Kunststoffgehäuse, in

1

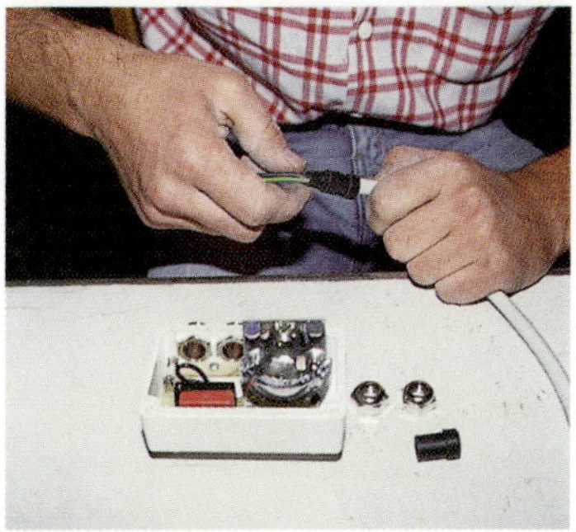

2

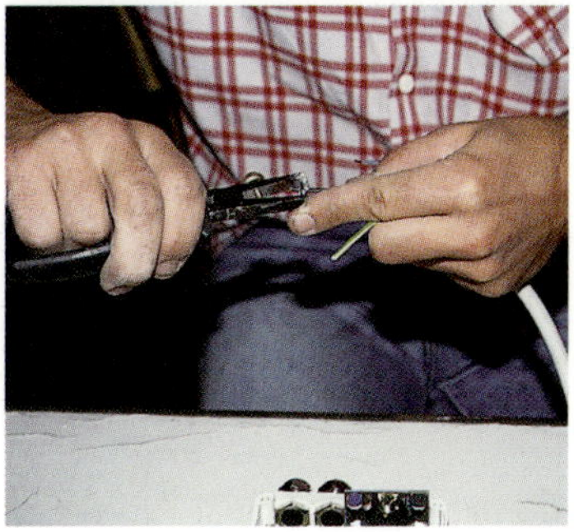

3

4

5

6

dem ein Infrarotsensor zusammen mit einer elektronischen Einheit eingebaut ist. Dieser Schalter wird mit 220 Volt Netzspannung versorgt und kann Beleuchtungskörper mit einer Gesamtleistung von max. 1000 Watt steuern.
Aus dem Lichtschaltgerät führen die Anschlüsse für die Lampen oder Strahler heraus. Je nach Bedarf können Sie ein oder mehrere Geräte anschließen.

Sicherheitstip
Elektrische Anschlüsse mit 220 Volt sind Sache des Fachmanns. Farbkennzeichnung der Adern: schwarz (braun) = Phase, blau = Null, grüngelb = Erde.

Entscheiden Sie sich beim Kauf eines Lichtschaltgerätes, gleichgültig ob es nun auf Infrarot- oder auf Radarbasis arbeitet, für ein qualitativ hochwertiges Gerät. Es sollte wirklich nur auf Personen reagieren und keine Fehlschaltungen durch Witterung (Wind, Schnee, Regen) oder durch andere Störungen (bewegte Äste, herumlaufende Tiere) verursachen. Als Beleuchtungskörper dienen am effektivsten vor Einbrechern Halogenstrahler.

Profitip
Beachten Sie bei der Plazierung der Beleuchtungskörper, daß das von Ihnen ausgehende Licht nicht in Ihre eigenen Fenster hineinleuchtet, sondern vor allem die einbruchgefährdeten Stellen Ihres Hauses gut ausleuchtet.

Gehen Sie also bei der Montage Ihrer automatischen Lichtanlage wie folgt vor:

1 Gewöhnlich sollten alle Lampen sowohl automatisch durch das Lichtschaltgerät als auch manuell durch Schalter zu betätigen sein. Zuerst wird die Lampe an einem Außenkabel NYN mit 1,5 mm Aderquerschnitt angeschlossen. Die Länge des Kabels richtet sich nach der Entfernung von der Lampe zum Infrarotschalter und von dort aus parallel weiter zum Handschalter.

2 Das zur Lampe führende Kabel muß nun am Infrarotgerät angeschlossen werden.

3 Die Durchführungen der Kabel in das Lichtschaltgerät müssen wasserdicht und zugfest sein.

Beim Zerlegen und Zusammenbau des Gehäuses ist daher auf den korrekten Sitz der Dichtung zu achten. Zugleich dürfen keine Kabel gequetscht werden. Das gleiche gilt für die Montage der Strahler.

4 Zeichnen Sie die Bohrungen für die Halterung der Lampen und des Lichtschaltgerätes an der Hauswand an und bohren Sie mit einem Steinbohrer ins Mauerwerk. Wählen Sie zur Befestigung geeignete Dübel aus. Montieren Sie den Beleuchtungskörper so ans Haus, daß niemand geblendet und trotzdem ein möglichst großer Bereich ausgeleuchtet wird.

5 Die Stromversorgung von Lichtstrahlgerät und Lampen sollte nach Möglichkeit nicht an der Hausaußenseite entlang, sondern im Hausinneren geführt werden und an einer Verteilerdose angeschlossen werden. Parallel dazu muß auch das zur Lampe führende Kabel mit dem Handschalter sorgfältig verbunden werden.

6 Das Lichtschaltgerät hat gewöhnlich eine Reichweite von 12 Metern und eine Streuung von 90 Grad.

7 Erfassungsbereich und Empfindlichkeit des Infrarotsensors lassen sich bei besseren Geräten exakt einstellen; ebenso die Einschaltdauer. Damit die Beleuchtung am hellichten Tag nicht unnötig eingeschaltet wird, ist in jedem Gerät eine einstellbare »Dämmerungsschwelle« eingebaut.

8 Die Beleuchtung muß nicht nur die Funktion des Lichtspenders haben, sie kann auch zur Verschönerung der Außenfassade beitragen. Eine effektive Erschwernis für Einbrecher ist dann gegeben, wenn das ganze Vorfeld des Hauses und vor allem unbeleuchtete Schwachstellen wie Kellertüren und Lichtschächte abgedeckt werden. Einbrecher dürfen weder im Schatten noch in unbeleuchteten Verstecken Schutz finden.

Profitip
Verwenden Sie möglichst »träge« Sicherungen (16 Ampere), weil bei den Einschaltvorgängen erhebliche Stromspitzen auftreten.

7

8

Die Videokamera sieht alles

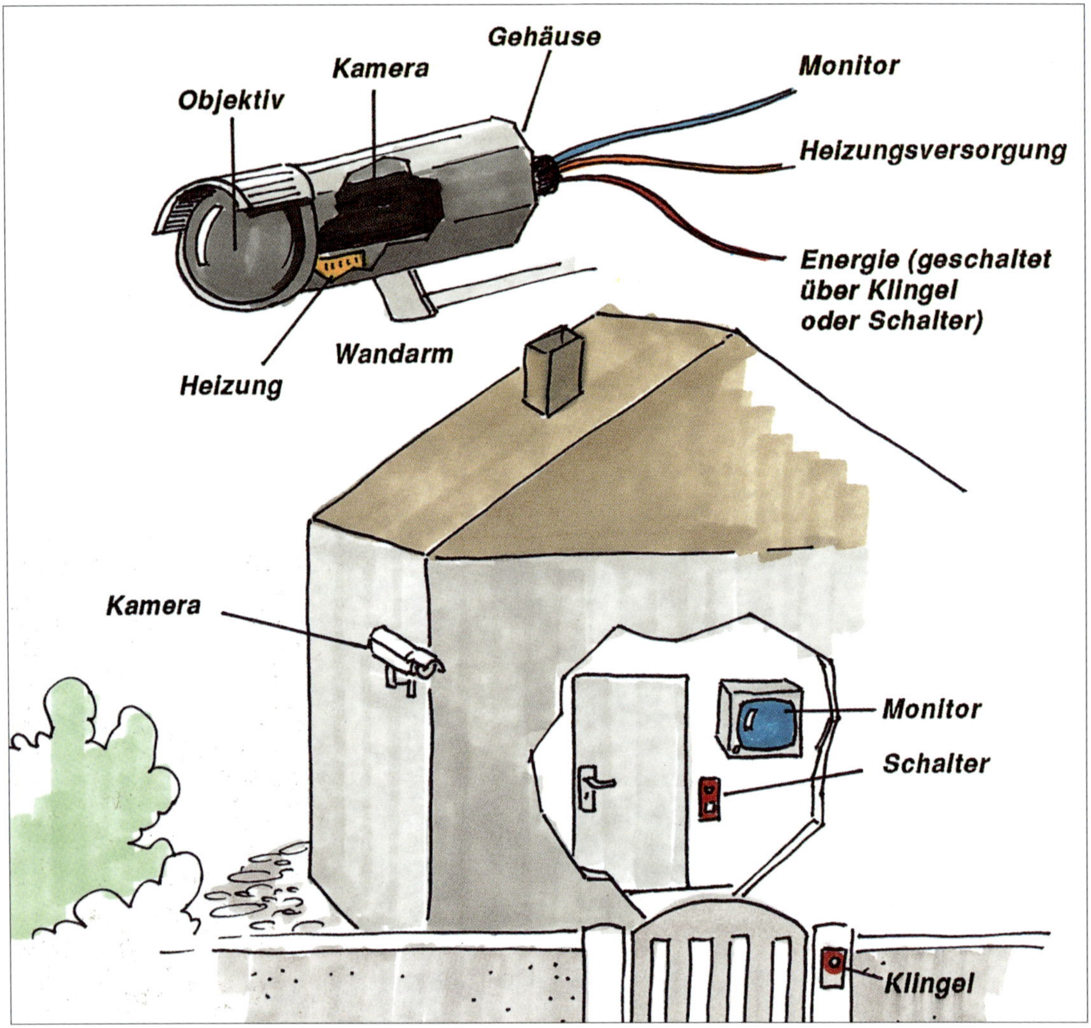

Material
Videokamera-Set mit Kamera, Objektiv und Monitor, Kabel für die Energieversorgung, Koaxialkabel für die Bildübertragung, Wetterschutzgehäuse mit Heizelement, Wandarm, Dübel, Schrauben.

Werkzeuge

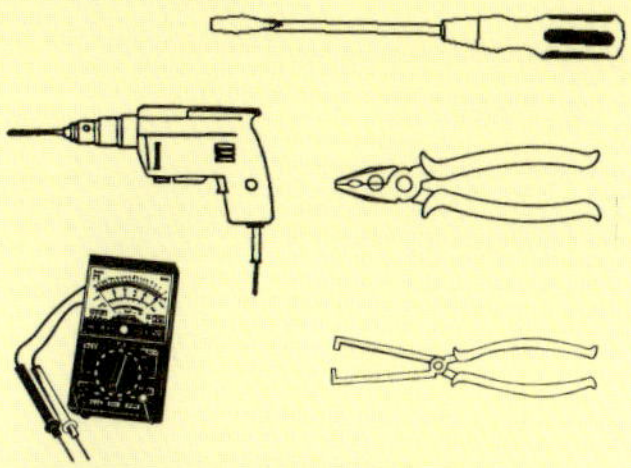

Schwierigkeitsgrad

Kraftaufwand

Arbeitszeit
Sie brauchen für die Montage etwa 3 Stunden.

Ersparnis
Durch Ihre Arbeit sparen Sie 200 DM ein.

Die Überwachung des Außenbereiches durch Videokamera gehört zu den professionellen Sicherungsmaßnahmen, die vor allem dort eingesetzt werden, wo ein erhöhtes Sicherheitsbedürfnis besteht.

Vor allem öffentliche Gebäude wie Behörden, Konsulate, aber auch Unternehmen und private Bereiche von führenden Persönlichkeiten werden von Videokameras flächendeckend überwacht.

Über die Videokamera können Sie jeden, der auf Ihre Klingel drückt, auf dem Monitor erkennen, um dann zu entscheiden, ob Sie ihm Einlaß gewähren oder nicht. Kamera und Monitor können dabei automatisch oder manuell aktiviert werden.

Die Kameraüberwachung kann auch durch einen Infrarotmelder, wie im vorangegangenen Beispiel (Lichtschaltanlage) beschrieben, geschaltet werden. Dadurch werden alle Personen aufgenommen, die sich im Überwachungsbereich aufhalten. Die von der Kamera übertragenen Bilder können mit Hilfe eines Langzeitvideorekorders gespeichert werden, was jedoch recht kostspielig ist.

1

2

3

4

5

6

1 In diesem Arbeitsbeispiel wird eine Kameraüberwachung des Eingangsbereiches eines Hauses vorgenommen. Einige Hersteller liefern hierfür komplette Überwachungssets, die einfach zu installieren und ebenso leicht zu bedienen sind.

2 Kameras, die im Freien angebracht werden, müssen mit einem Schutzgehäuse versehen werden, um nicht Wind und Wetter ausgesetzt zu sein. Zudem sollten sie, um vor Beschädigungen geschützt zu sein, mindestens 3 Meter über dem Boden angebracht werden. Der Überwachungsraum muß groß genug sein, um den gesamten Eingangsbereich zu erfassen, gleichzeitig aber müssen Personen scharf und deutlich erkennbar sein.

Profitip
Achten Sie darauf, daß der Überwachungsraum nicht durch das Sonnenlicht geblendet wird; bei Dunkelheit muß die Außenbeleuchtung des Hauses genügend Licht liefern.

3 Hier wird eine sog. CCD-Kamera eingesetzt. CCD-Kameras haben den Vorteil, eine hohe Rand- und Kantenschärfe zu besitzen und auch starke Lichteinfälle ohne Schaden zu überstehen. Sie sind sowohl für den Dauerbetrieb als auch für den ständigen Ein- und Ausschaltbetrieb geeignet. Darüber hinaus zeichnen sie sich durch ihre kompakte Bauweise aus. Eine Schwarz-Weiß-Kamera ist für diesen Überwachungszweck völlig ausreichend. Dazu benötigen Sie noch ein Objektiv, ein Wetterschutzgehäuse und die Wandbefestigungen. Es gibt Überwachungssysteme mit 220 Volt und 12 Volt Versorgungsspannung.

Sicherheitstip
Für Anschlüsse mit 220 Volt gilt immer die Farbkennzeichnung: schwarz (braun) = Phase, blau = Null, grüngelb = Erde.

Bauen Sie die einzelnen Komponenten der Kamera in folgender Reihenfolge zusammen: Zunächst muß das Wetterschutzgehäuse soweit zerlegt werden, daß die Kamera und die Verdrahtung darin Platz finden. Damit die Kamera nicht extremen Temperaturschwankungen, vor allem Kälte ausgesetzt ist, die zu einem Beschlagen der Scheibe führen würde, muß ein Heizelement eingebaut werden.

Der Heizkörper ist mit einem Temperaturfühler versehen und wird bei Kälte automatisch eingeschaltet. Der nächste Schritt ist die Verdrahtung. Die Anschlüsse der Kamera sind erstens die geschaltete Stromversorgung und zweitens das zur Bildübertragung benötigte Koaxialkabel. Die Stromversorgung der Kamera kann entweder manuell durch Schalter, durch automatische Melder oder durch Betätigung der Klingel geschaltet werden. Die Versorgung des Heizelementes muß permanent erfolgen. Alle Kabel werden auf die richtige Länge zugeschnitten und angeschlossen. Das Koaxialkabel (die Verbindung zwischen Kamera und Monitor) wird an der Kamera mit einem speziellen Stecker angeschlossen. Nachdem Sie alle Komponenten in das Wetterschutzgehäuse eingebaut haben, verschrauben Sie es, so daß es zu einem wetterfesten Abschluß kommt. Die aus dem Gehäuse führenden Kabel werden durch einen Gummiring abgedichtet.

4 Als Halterung der Kamera dient ein Wandarm. Bringen Sie die Kamerahalterung an einer geeigneten Stelle an der Hauswand an.

5 Verwenden Sie Befestigungsdübel, die tief ins Mauerwerk hineingreifen.

6 Damit die Kabel der Kamera ins Hausinnere gelangen, müssen Sie mit einem extra langen Steinbohrer bis ins Hausinnere durchbohren. Die Kabel sollten in einem flexiblen Kabelschlauch durch die Wand geführt werden. Im Inneren des Hauses müssen Sie schließlich die Kabel bis zur Spannungsversorgung und bis zur Kamera verlegen.

7 Die Einstellung der Schärfe und des Bildausschnittes ist oft eine kniffelige Angelegenheit.

8 Die Kamera ist nun montiert.

9 Am Monitor müssen Sie nur noch das von der Kamera kommende Koaxialkabel an die Spannungsversorgung anschließen. Den Monitor plazieren Sie am besten im Eingangsbereich in der Nähe der Tür.

7

8

9

Projektierung einer Einbruchmeldeanlage

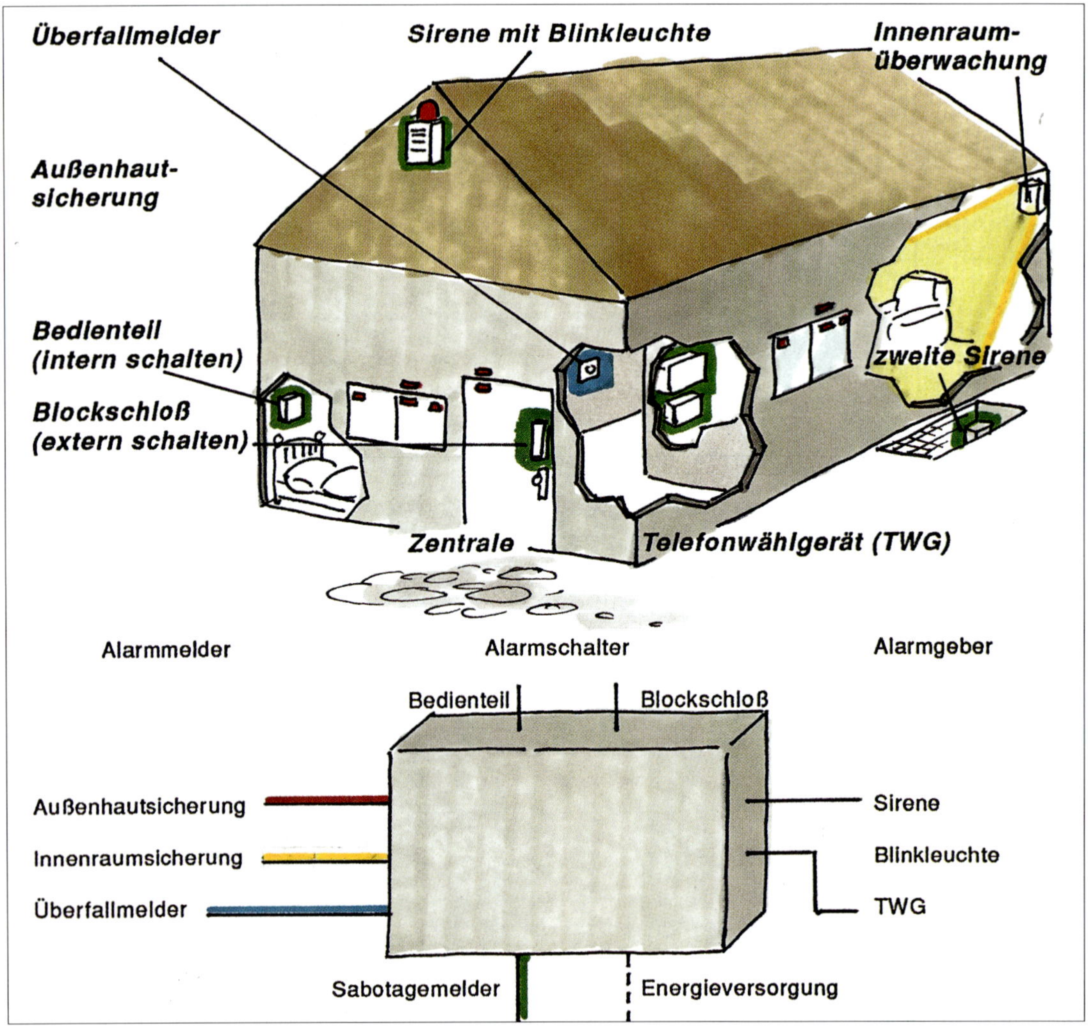

Material
Einbruchmeldezentrale, NYN-Kabel zur Stromversorgung, JY(st)y-Kabel mit je 3 bzw. 6 Aderpaaren, Kabelkanäle, Kabelschellen, Schrauben, Dübel.

Werkzeuge
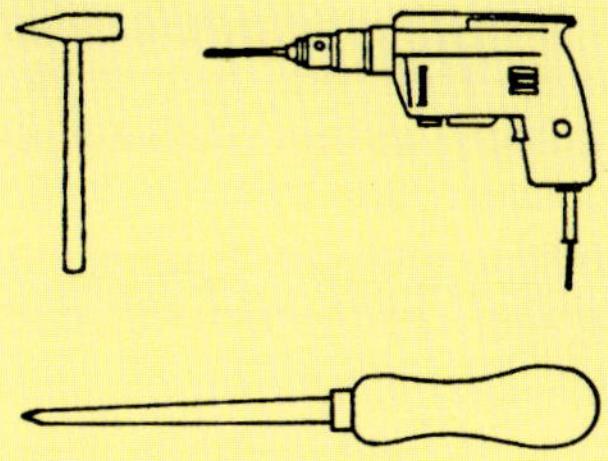

Schwierigkeitsgrad

Kraftaufwand
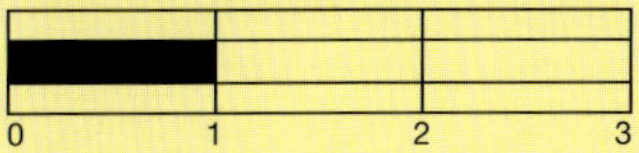

Arbeitszeit
Planen Sie etwa 8 Stunden ein.

Ersparnis
Durch Ihre Eigenleistung sparen Sie 500 DM ein.

Einbruchmeldeanlage ist die genaue Bezeichnung für eine Alarmanlage, die auf Einbruchversuche reagiert. Alarmanlagen leisten selbst keinen aktiven Widerstand - sie melden lediglich; deshalb müssen sie immer auch durch wirkungsvolle mechanische und organisatorische Maßnahmen unterstützt werden.

Die auf der Abbildung projektierte Anlage besteht aus folgenden Komponenten:
- die Zentrale,
- die Scharf-, Unscharfschaltung (Blockschloß, Bedienteil),
- der Alarmmelder (Innenraumüberwachung, Außenhautsicherung und Überfallmelder),
- der Alarmgeber (Sirene, Blitzleuchte, Telefonwählgerät).

Entsprechend der Anforderungen, die Sie an eine Alarmanlage stellen, benötigen Sie diese, vermutlich aber nur einen Teil der oben aufgeführten Komponenten. In jedem Fall ist es sinnvoll, bei der Projektierung einer solchen Anlage, Erweiterungsmöglichkeiten von Anfang an vorzusehen.

Profitip
Als Zeitpunkt für den Einbau einer Alarmanlage eignet sich besonders die Neubau- oder Umbauphase, denn dann haben Sie die besten Möglichkeiten, die Kabel unauffällig zu verlegen.

Die Zentrale
Herzstück jeder Einbruchmeldeanlage ist die Zentrale. Qualitativ hochwertige Zentralen bieten die Möglichkeit der Erweiterung.
Die in diesem Arbeitsbeispiel verwendete Alarmzentrale ist für die Sicherung kleiner bis mittlerer Wohnanlagen geeignet.

Scharf- und Unscharfschalten
Einbruchmeldeanlagen können so geschaltet werden, daß sie sowohl bei Ihrer Abwesenheit als auch bei Ihrer Anwesenheit Alarm auslösen.
Abwesenheitssicherung bedeutet, daß, sobald der letzte Bewohner das Haus verlassen hat, die Alarmanlage scharf geschaltet wird. Hierfür eignet sich ein Blockschloß, das an der Eingangstür angebracht ist. Als Anwesenheitssicherung bezeichnet man den Schutz vor Überfällen. Auf unerwünschte »Besucher« reagiert die Alarmanlage, wenn

1

2

3

sie über die Zentrale oder ein Bedienteil scharf geschaltet wird. Auf der Frontseite der Zentrale sind Leuchtdioden angebracht, die Aufschluß über den Betriebs- und Schaltzustand geben.

Alarmmelder

Diese Zentrale verfügt über fünf Meldelinien, die entweder alle oder aber auch nur Teile davon zu schalten sind:

- Linie 1: Innenraumüberwachung,
- Linie 2: Außenhautsicherung der Schlafzimmer,
- Linie 3: Außenhautsicherung des Wohnbereiches,
- Linie 4: Sabotage,
- Linie 5: Notruf.

Bei Abwesenheit schaltet man gewöhnlich alle Linien scharf; bei Anwesenheit muß die Überwachung des Innenraumes und der Fenster, z.B. der Schlafzimmer, ausgeschaltet werden, damit Sie nicht ungewollt Alarm auslösen. In diesem Arbeitsbeispiel sind zwei der Linien sperrbar (Teilbereich-Scharfschaltung).

Alarmgeber

Als Alarmgeber sind in diesem Arbeitsbeispiel zwei Sirenen und eine Blitzleuchte vorgesehen, die im Fall des Falles Alarm schlagen sollen. Gegebenenfalls kann auch ein Telefonwählgerät angesteuert werden.

Im folgenden geht es um die Projektierung der Gesamtanlage und die Installation der Zentrale.

Spannungsversorgung

Die Energieversorgung der Alarmanlage wird über eine separate Sicherung an das Stromnetz gelegt. Für den Fall des Stromausfalles muß ein Akku die Versorgung der Anlage für mindestens 60 Stunden aufrechterhalten. Die Spannungsversorgung der einzelnen Komponenten läuft über 12 Volt, also Niederspannung, d.h., daß hier der elektrotechnisch versierte Heimwerker selbst tätig werden darf.

Verlegung der Kabel

Bei der Verkabelung beginnen Sie immer mit der von der Zentrale entferntesten Stelle. Von dort aus führen Sie die Leitungen über Verteiler zur Zentrale hin. Verwenden Sie immer abgeschirmtes Telefonkabel mit der Bezeichnung JY(st)y 0,6 mm Aderquerschnitt. In diesem Kabel wird eine bestimmte Anzahl an

Aderpaaren geführt, die miteinander verzwirbelt sind und bestimmte Farben haben.

Farbcode der Verdrahtung

Entwickeln Sie daraus Ihren eigenen Farbcode, den Sie dann für die gesamte Verkabelung beibehalten müssen. Ein Beispiel:

- blau/rot:
Gleichspannungsversorgung 12 V,
- gelb/weiß:
Linie 1 (Innenraumüberwachung),
- braun/weiß:
Linie 2, 3 (Außenhautsicherung),
- grün/weiß:
Linie 4 (Sabotagemelder),
- blau/weiß:
Linie 5 (Überfallmelder).

1-3 Es gibt mehrere Möglichkeiten, die Kabel zu verlegen: Mittels Unterputz, mit Kabelschellen, in Kabelschächten und -kanälen.

Sicherheitstip

Achten Sie darauf, daß die Leitungen nicht in direkter Nähe von 200 Volt-Stromkabeln parallel geführt werden, nicht der Hitze ausgesetzt werden oder mechanisch beansprucht oder gequetscht werden.

Anbringen der Zentrale

4 Wählen Sie als Ort für die Zentrale eine sichtgeschützte und trockene Stelle, z.B. im Keller in der Nähe der Sicherungskästen. Befestigen Sie die Einbruchmeldezentrale mit geeigneten Dübeln an der Wand und führen Sie alle Kabel hinein.

5 Die Stromversorgung kommt in diesem Beispiel aus dem darüber liegenden Sicherungskasten. Ein Akku zur Notstromversorgung findet im Gehäuse der Einbruchmeldezentrale Platz.

6 Damit steht das »Skelett« der Anlage. Auch wenn an der Zentrale noch nichts angeschlossen ist, die wichtigsten Vorarbeiten - Verlegung der Kabel und Anbringen der Zentrale - sind damit getan. Noch ein Hinweis: Damit Sachversicherungen Alarmanlagen anerkennen und Prämienvorteile gewähren, muß die Installation und Wartung von anerkannten Fachleuten durchgeführt werden. Aber auch wenn Sie ein Fachgeschäft mit der Installation Ihrer Alarmanlage beauftragen, können Sie sich Kosten sparen, indem Sie diese Vorarbeiten selbst durchführen.

4

5

6

Die Einbruchmeldeanlage mit Innenraumüberwachung

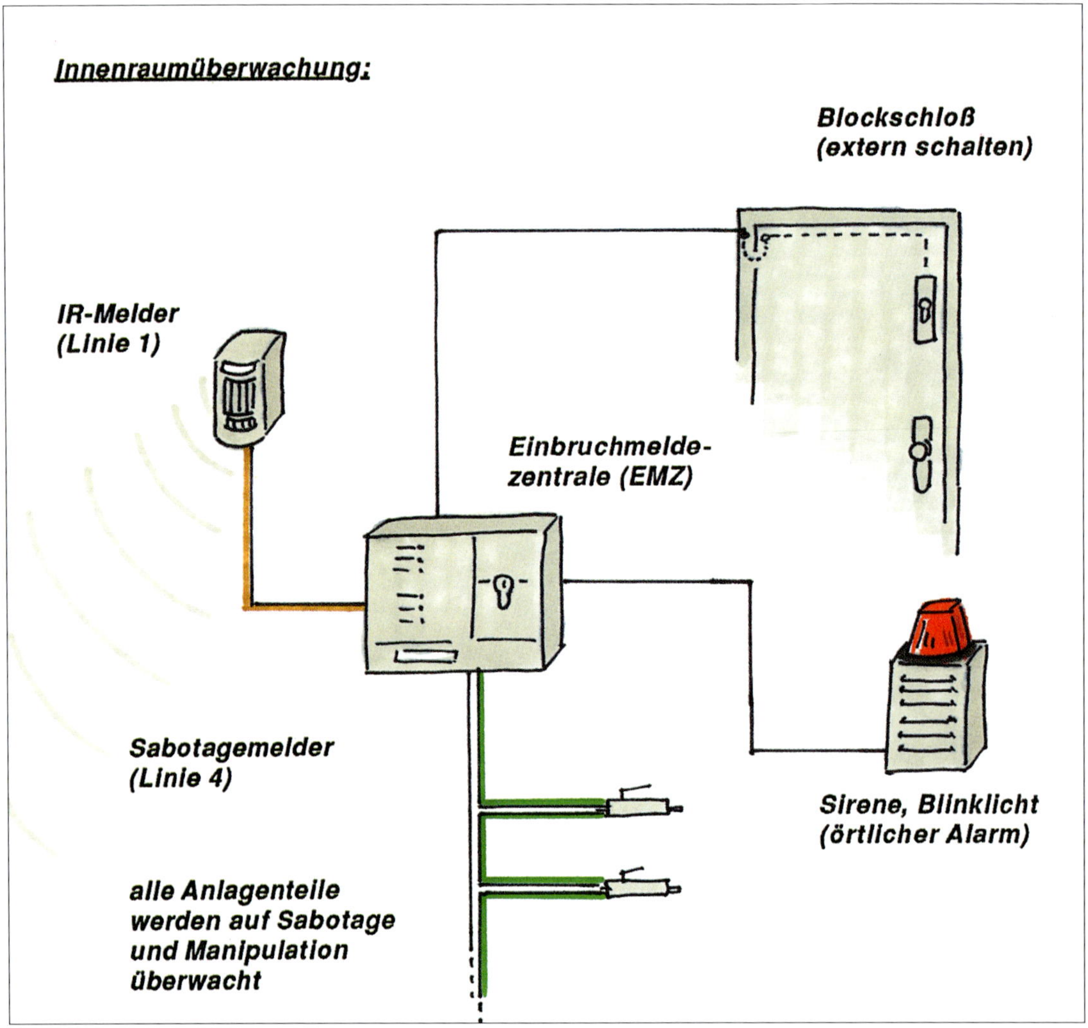

Material
1 Bewegungsmelder, 1 Sirene mit Blinkleuchte, 1 zusätzliche Sirene, 1 Blockschloß, 1 Blockschloßverteiler, flexible Übergänge, Schrauben, Dübel.

Werkzeuge

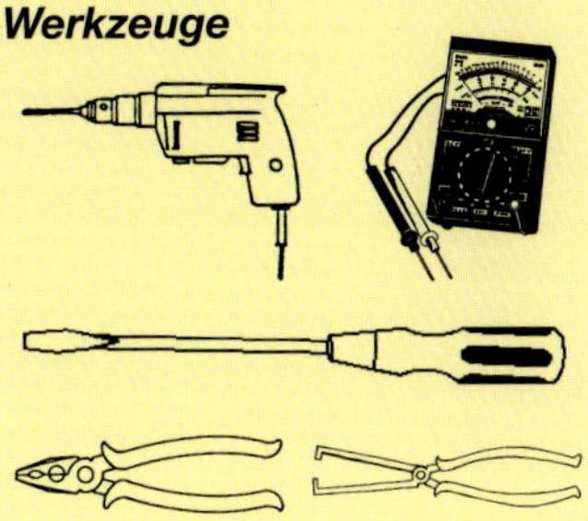

Schwierigkeitsgrad

Kraftaufwand

Arbeitszeit
Sie brauchen etwa 10 Stunden.

Ersparnis
Durch Selbsteinbau sparen Sie etwa 700 DM.

Einbruchmeldeanlagen mit Innenraumüberwachung zählen zu den »einfacheren« Alarmanlagen. Der Vorteil dieser Überwachungsform, die recht kostengünstig ist, ist der relativ geringe Installationsaufwand.
Innenraumüberwachung heißt, daß die Alarmanlage im scharf geschalteten Zustand auf Personen reagiert, die sich innerhalb der Räumlichkeiten aufhalten. Das bedeutet, daß die Alarmanlage erst dann auslöst, wenn sich der Einbrecher bereits Zutritt verschafft hat.

Profitip
Der Vorteil einer Alarmanlage mit Innenraumüberwachung liegt in der relativ einfachen Installation. Es müssen nur an zentralen Punkten in Ihrem Wohnbereich Bewegungsmelder angebracht werden.

Die reine Innenraumüberwachung dient ausschließlich der Abwesenheitssicherung. Die Scharfschaltung der Anlage erfolgt beim Sperren der letzten Tür durch ein Blockschloß, also dann, wenn der letzte Mitbewohner das Haus verläßt.
Die Schaltung der Anlage kann auch von der Zentrale selbst geschaltet werden, allerdings müssen dann Alarm- und Scharfschaltung um den Zeitraum verzögert werden, den man benötigt, um von der Tür bis zur Zentrale zu gelangen.
Die Projektierung der Einbruchmeldeanlage mit Innenraumüberwachung basiert auf dem vorangegangenen Arbeitsbeispiel. Die Komponenten, die Sie für diese Anlagenart benötigen, sind:
- IR-Melder (je einen pro Überwachungsbereich),
- Alarmgeber (zwei Sirenen, eine Blitzleuchte),
- Blockschloß (Schaltung der Anlage an der Eingangstür).

Infrarotmelder
Bei der Innenraumüberwachung handelt es sich um eine »fallenmäßige« Überwachung. Die Bewegungsmelder werden so zentral postiert, daß ein möglicher Einbrecher sich nicht an ihren Erfassungsbereich vorbeischleichen kann.

1 Jeder Bewegungsmelder wird so in einer Raumecke angebracht, daß sein Überwachungsraum möglichst groß ist und seine Optik nicht auf das Fenster gerichtet ist. Vorsicht auch in der

Nähe von Heizungen, starken Lichtquellen und Zugluft, denn IR-Melder reagieren auf »bewegte Wärmeunterschiede«. Bohren Sie die Dübellöcher in die Wand und befestigen Sie die Grundplatte des Melders. Alle Bewegungsmelder werden in der Zentrale auf die Linie 1 gelegt. Diese Linie wird in Betrieb ständig von einem minimalen Strom durchflossen und von der Zentrale auf einen gleichbleibenden Widerstand überwacht. Löst beispielsweise ein Melder der Linie aus oder wird die Leitung manipuliert, so ändert sich der Gesamtwiderstand der gesamten Linie; die Zentrale wertet die Veränderung des »Ruhestroms« als Alarm aus. Bei dieser Anlage muß der Gesamtwiderstand der überwachten Leitungen 12 kOhm betragen; die Ansprechempfindlichkeit beträgt 25 Prozent Abweichung.

Damit kommen wir zum schwierigsten Teil: die Verdrahtung. Jeder Melder muß permanent mit Strom versorgt, auf Sabotage überwacht werden und Signale übertragen.

Schließen Sie alle drei Aderpaare am Melder an. Der Widerstand wird im Melder selbst in das gelb/weiße Aderpaar eingelötet.

Profitip

Bei der Verdrahtung aller Melder müssen Sie konsequent den Farbcode beibehalten, den Sie in der Projektierung gewählt haben: Spannungsversorgung = rot/blau, Linie 4 (Sabotage) = grün/weiß, Linie 1 (IR-Melder) = gelb/weiß.

Die Kabel werden hier über Minikanäle zur Zentrale geführt. Bevor Sie die einzelnen Adern auf der Anschlußplatine im Zentralgehäuse anlöten, müssen Sie die gesamte Linie mit einem Ohmmeter durchprüfen.

Blockschloß

Wer zuletzt das Haus verläßt, schärft mit dem Blockschloß die Anlage. Beim Zurückkommen wird hier die Alarmanlage wieder entschärft.

2 Das Blockschloß wird montiert wie jedes andere Einsteckschloß auch, allerdings zusätzlich zu dem bereits vorhandenen Eingangstürschloß. Bohren Sie dazu auf die Tiefe des Schloßkastens ein Loch und arbeiten Sie mit einem Stecheisen die Aussparung heraus. Paßt das Blockschloß genau in das Türblatt, so ist die Position des Schließzylinders zu markieren und dann aufzubohren. Schließlich sind der Beschlag und das Schließblech anzubringen.

Profitip

Ein Blockschloß ist eine mechanische Verriegelungsmöglichkeit, in der gleichzeitig elektrische Signale geschaltet werden. Wie jede andere Komponente der Alarmanlage auch muß das Blockschloß über ein Kabel mit der Zentrale verbunden werden.

Die Kabelverbindung führt von der Türinnenseite über einen beweglichen Kabelübergang zum Blockschloßverteiler und weiter zur Zentrale. Im Blockschloßverteiler sind eine Auswerteinheit und ein Summer enthalten, die die Scharfschaltung der Anlage »quittieren«. Damit bestätigt die Anlage scharf geschaltet und im funktionstüchtigen Zustand zu sein.

Alarmgeber

»Schlägt die Anlage Alarm«, so werden zwei Sirenen und eine Blitzleuchte aktiviert.

Ein solides Schutzgehäuse und

gute Sicherungskontakte, die in die Sabotagelinie (Linie 4) eingeschleift werden, verhindern eine Beschädigung.

Profitip
Für alle außerhalb des Sicherungsbereiches angebrachten Komponenten, hierzu gehören Sirene und Blitzleuchte, ist ein erhöhter Schutz vor Sabotage nötig.

3 Bringen Sie den Sirenenkasten mit Blitzleuchte gut sichtbar am Haus in mindestens 3 Meter Höhe an. Der zweite Signalgeber wird versteckt, z.B. im Keller- oder Lüftungsschacht, montiert. Verbindungsleitungen dürfen keinesfalls sichtbar sein.

Profitip
Legen Sie die Verbindungsleitungen direkt hinter dem Sirenengehäuse durch das Mauerwerk hindurch. Anschließend verlegen Sie die Kabel innerhalb des Hauses.

Die Verdrahtung der Signalgeber erfolgt ähnlich wie die der Alarmgeber über drei Aderpaare, die bei Betrieb auf Widerstand überwacht werden.

4 Im Alarmfall kann die Außenbeleuchtung mitgeschaltet werden.

Zentrale
Jeder Alarmanlagenzentrale wird eine Betriebsanleitung und ein Anschlußplan beigelegt. Das Prinzip der Verdrahtung ist im großen und ganzen bei jeder Alarmanlage gleich. Die Verdrahtung der Anlage an der Zentrale sollte ausschließlich die Tätigkeit eines Fachmannes sein. Trauen Sie es sich selbst zu, diese Arbeiten durchzuführen, halten Sie sich genau an den Anschlußplan.
Damit ist die Einbruchmeldeanlage mit Innenraumüberwachung fertig installiert. Vor der Inbetriebnahme sind noch einige Feinheiten zu beachten, auf die das letzte Kapitel dieses Buches näher eingeht.

1

2

3

4

Die Einbruchmeldeanlage mit Außenhautsicherung

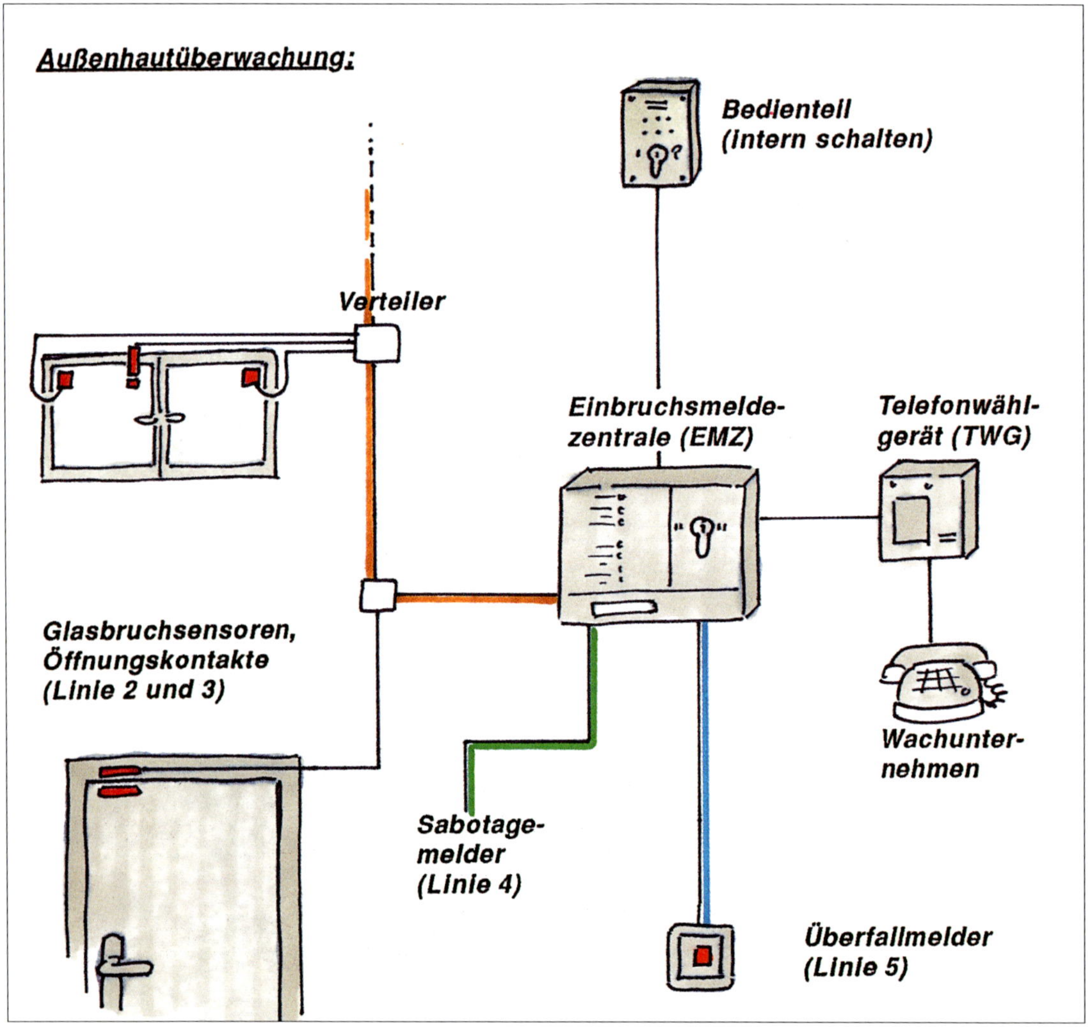

Material
Einbruchsensoren, Öffnungskontakte für Türen und Fenster, Verteilerdosen mit Deckelkontakten, Dosenteil, Telefonwählgerät, flexible Kabelüberzüge, Schließzylinder für Bedienteil.

Werkzeuge

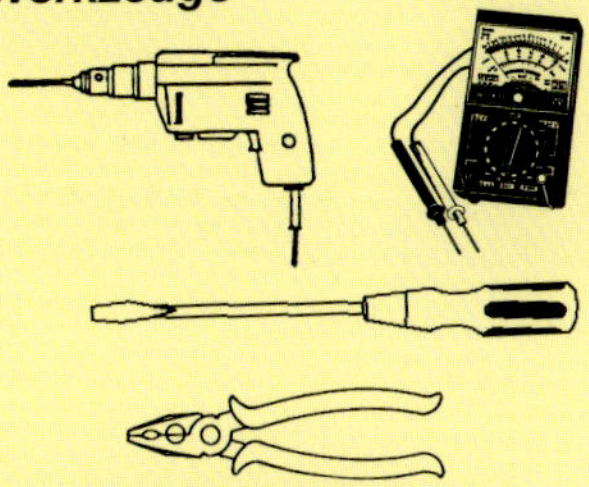

Schwierigkeitsgrad

Kraftaufwand

Arbeitszeit
Planen Sie viel Zeit ein. Sie benötigen etwa 20 Stunden.

Ersparnis
Hier sparen Sie durch Eigenleistung 1000 DM.

Außenhautsicherung heißt: Die Alarmanlage löst bereits aus, sobald ein Einbrecher den Versuch unternimmt, die Räumlichkeiten zu betreten. Gesichert werden also Fenster, Türen und alle anderen Zutrittsmöglichkeiten. Die in der vorhergehenden Anleitung installierte Alarmanlage ist quasi die Basis, zusätzlich kann sie mit einer Außenhautsicherung erweitert werden.

Einbruchmeldeanlagen mit Außenhautsicherung können auch bei Anwesenheit scharf geschaltet werden. Bestimmte Bereiche der Räumlichkeiten können überwacht werden, um zu vermeiden, daß Sie zu nächtlicher Stunde von Einbrechern »besucht werden«. Die Aktivierung der Überwachung von Teilbereichen erfolgt über eine interne Scharfschaltung, meist von einem Bedienteil aus, das sich im Schlafzimmer befindet. Die interne Scharfschaltung kann so programmiert werden, daß die Linien der Innenraumüberwachung (Linie 1) und die Außenhautsicherung der Schlafzimmerfenster (Linie 2) gesperrt werden. So können Sie sich auch bei intern scharf geschalteter Alarmanlage frei im Haus bewegen und auch das Schlafzimmer lüften.

1

2

3

4

5

6

Die wichtigsten Komponenten dieser erweiterten Einbruchmeldeanlage sind:

- Glasbruchsensoren und Öffnungskontakte, Überfallmelder,
- Alarmgeber (automatisches Telefonwählgerät),
- Bedienteil (zur internen Scharfschaltung).

Glasbruchsensoren

Von den Schaufenstern der Juweliergeschäfte kennen Sie diese kleinen, auf die Scheibe aufgeklebten Sensoren, die auf das Einschlagen der Scheibe reagieren. Glasbruchsensoren lösen auf eine bestimmte Frequenz aus. Sie haben einen Wirkungsradius von 1,5 m.

1 Zur Befestigung dieser Sensoren reinigen Sie das Glas, tragen dann einen Tropfen eines speziellen Klebstoffs auf den Sensor auf und drücken ihn bis zum Aushärten an die Scheibe.

2 Die Verkabelung der Sensoren verläuft über einen flexiblen Schlauch zum nächsten Verteiler, der am Mauerwerk angebracht ist, weiter zu allen anderen Sensoren der Außenhautsicherung und wieder zur Zentrale zurück.

Profitip

Ebenso wie die Glasbruchsensoren müssen an jedem Fenster und an jeder Tür Kontakte angebracht werden, die auslösen, sobald ein Einbrecher versucht, auf diese »lautlose« Art einzusteigen.

Öffnungskontakte

Diese Kontakte werden zusammen mit den Glasbruchsensoren in die Außenhautsicherung eingeschleift. Die Schlafzimmerfenster liegen in diesem Beispiel auf Linie 2 = schwarz/weiß, alle anderen Fenster und Türen auf Linie 3 = braun/weiß. Diese Linien sind ruhestromdurchflossen und werden widerstandsüberwacht. Auf jeder Linie wird in einem Verteiler ein 12 kOhm-Widerstand eingesetzt.

3-4 Als Öffnungskontakte werden bei dieser Alarmanlage Magnetkontakte eingesetzt. Bei geschlossenen Türen und Fenstern bleibt durch das von dem Magneten ausgehende Feld der Ruhestromkreis geschlossen.

Überfallmelder

5 Überfallmelder sind einfache Tastenschalter, die, sobald man sie betätigt, Alarm auslösen. Alle Überfallmelder werden in diesem Arbeitsbeispiel auf Linie 5 = blau/weiß eingeschleift und zur Zentrale geführt. Diese Melder sollten Sie dort anbringen, wo Sie sich regelmäßig aufhalten.

Bedienteil

6 Das Bedienteil ist der »verlängerte Arm« der Zentrale und dient der internen Scharf- und Unscharfschaltung. Bei der internen Scharfschaltung können die Linien 1 und 2 (Überwachung der Innenräume, Schlafzimmerfenster) gesperrt werden, so daß nur die Linien 3, 4 und 5 (Außenhautsicherung, Sabotage- und Überfallmelder) aktiviert sind.

7 Das Bedienteil montieren Sie am besten an einer gut erreichbaren Stelle.

Telefonwählgerät

Als zusätzlichen Alarmgeber können Sie jede Alarmanlage mit einem Telefonwählgerät ausstatten. Dadurch wird nicht nur örtlich Alarm geschlagen, sondern auch das Wach- und Sicherheitsunternehmen verständigt. Das Telefonwählgerät ist ein privates Zusatzgerät zu einem Fernsprechanschluß des öffentlichen Telefonnetzes. Die Alarmmeldungen werden als digitale Signale übertragen.

8 Das Telefonwählgerät sollte in der Nähe der Zentrale angebracht werden. Es wird von der Zentrale aus mit 12 Volt Spannung versorgt und wie alle Anlageteile auf Sabotage überwacht. Die Meldung des Telefonwählgerätes wird von der Zentrale ausgelöst. Die Programmierung der Telefonnummern, die das Gerät im Fall des Einbruches anwählen soll, übernimmt der Hersteller des Gerätes. Beim Kauf erhalten Sie einen sogenannten »Prom-Gutschein«, auf den der Hersteller die Telefonnummern »schießt«. Schließlich muß der Telefonanschluß in das Gehäuse des Telefonwählgerätes gelegt werden.

9 Alle Überwachungslinien der Anlage sowie die Verbindungen zum Bedienteil und Telefonwählgerät müssen schließlich in der Zentrale nach Montageanleitung verlötet werden. Bevor die Anlage allerdings in Betrieb genommen werden kann, muß sie gründlich durchgecheckt werden (siehe nächste Anleitung).

7

8

9

Inbetriebnahme und Wartung

Voraussetzung für die Inbetriebnahme der Anlage ist eine einwandfreie Installation.

Profitip
Alle Leitungen und Anlagenteile müssen vor dem Anschließen an die Zentrale von Ihnen durchgemessen werden.

Alle Geräte müssen über die Abschirmung des JY(st)y-Kabels geerdet und auf der Schirmlötleiste zusammengefaßt werden. Für die Energieversorgung des 220-Volt-Netzes muß ein Stromkreis mit eigener Absicherung verwendet werden. Für diese Anschlüsse ist immer die Kennzeichnung der Adern: schwarz (braun) = Phase, blau = Null, grüngelb = Erde zu beachten.

Programmierung

Auf der Hauptplatine in der Zentrale sind eine Reihe von Programmierschaltern angebracht, mit deren Hilfe Sie das optimale Sicherungskonzept gestalten können. Dabei legen Sie die Aufteilung der Meldelinien beispielsweise so fest:

- Die Einbruchmeldelinien 1, 2, 3 können teilweise gesperrt werden. Das Auslösen eines Melders kann je nach Schaltzustand sofort Hauptalarm auslösen oder zunächst internen Alarm geben.
- Die Sabotagelinie 4 muß immer meldebereit sein. Sabotage führt bei unscharfer Anlage zu internen Alarm, bei scharf geschalteter Anlage sofort zu Hauptalarm.
- Die Überfallinie 5 muß so programmiert sein, daß bei Betätigung des Notrufdrückers, unabhängig vom Schaltzustand der Anlage, Hauptalarm ausgelöst wird.

Verzögerung

Wird vom Bedienteil oder an der Zentrale selbst die Anlage scharf geschaltet, so muß eine Verzögerung programmiert werden. Diese Verzögerungszeit läßt sich an Trimmern auf der Hauptplatine einstellen.

Zwangsläufigkeit

Blockschlösser (externe Scharfschaltung) und Bedienteile (interne Scharfschaltung) dürfen die Anlage nur dann scharf schalten, wenn diese auch voll funktionsfähig ist. Es darf keine Beschädigung der Anlage vorliegen, die Energieversorgung muß gewährleistet sein und keiner der Melder darf schon beim Einschalten ansprechen. Sobald irgendeine Störung vorliegt, muß beim Scharfschalten ein Warnsignal erscheinen. Wenn also ein Scharfschalten der Einbruchmeldeanlage möglich ist, dann ist die Anlage »zwangsläufig« im einwandfreien Zustand.

Probelauf

Einbruchmeldeanlagen müssen vor der endgültigen Inbetriebnahme vollständig durchgeprüft werden. Ein Betreiben der Anlage darf erst dann erfolgen, wenn diese mindestens 48 Stunden ohne Alarmgeber probegelaufen ist. In dieser Zeit dürfen sich keinerlei Unzulänglichkeiten herausgestellt haben.

Wartung

Die gesamte Einbruchmeldeanlage muß mindestens einmal im Jahr gewartet werden. Folgende Prüfungen sind vorzunehmen:

- Prüfung aller Einbruchmelder auf Funktion,
- Kontrolle aller Schalteinrichtungen,
- Inspektion der Alarmgeber,
- Überprüfung der Batterie,
- Abgleich und Justage der Anlagenteile,
- Auswechseln von Teilen mit begrenzter Lebensdauer.

Wo finde ich was?

Abbildungsverzeichnis

Die nachstehend aufgeführten Firmen haben Bildmaterial zur Verfügung gestellt. Da sie damit zur Gestaltung dieses Buches erheblich beigetragen haben, möchten wir ihnen für die freundliche Unterstützung herzlich danken.

Abus
August Bremiker & Söhne KG
Altenhofer Weg 25
58300 Wetter: S. 16, 17, 18 (o. u. u.), 21, 22, 23.

Bewator Deutschland
Metric Group (Germany)
Breite Straße 10
25551 Hohenlockstedt:
S. 32 (u.).

Busch-Jaeger
Elektro GmbH
Postfach
58505 Lüdenscheid:
S. 27.

Melchert GmbH & Co. KG
Rheinlandstr. 47
42579 Heiligenhaus: S.19.

Sanyo
Video Vertriebs-GmbH & CO
Kornkamp 4
22926 Ahrensberg:
S. 30, 31.

S. Siedle & Söhne
Telefon- und Telegrafenwerke
Stiftung & Co
Postfach 20
78113 Furtwangen:
S. 32 (o.), 33.

Siegenia-Frank KG
Postfach 100551
57005 Siegen: S. 6, 20.

Somfy Feinmechanik und Elektrotechnik GmbH
Postfach 2347
72013 Tübingen: S. 10.

Streif AG:
54595 Prüm-Weinsheim/Eifel:
S. 28.

Stückrad Tresore GmbH
Sandweg 4
36211 Alheim-Heinebach: S. 5 (u.), 25.

Telenot Electronic GmbH
Wiesentalstr. 42 - 44
73434 Aalen: S. 36, 37, 39, 43, 44, 45, Titelbild.

Winkhaus Technik
Sicherheitssysteme
Bohlweg 43
48147 Münster: S.18 (m.).

Alle weiteren Aufnahmen stellte die Firma:
Mega
Sicherheitsanlagen
Landsberger Str. 447
81241 München